울산 감정노동자들의 : 삶

서정희 · 허은정 지음

UUP

■

- 2021년 01월 14일 **초판 인쇄**
- 2021년 01월 20일 **초판 발행**
- **지은이** 서정희, 허은정
- **펴낸이** 오연천
- **펴낸곳 UUP.**(울산대학교출판부) 680-749 울산광역시 남구 대학로 93(무거동) 울산대학교 출판부
- 전화 (052)259-2488 팩스 (052)277-3011 ▪ **홈페이지** http://uup.ulsan.ac.kr
- **출판등록** 제370-1996-000001호(1996.3.13)
- ₩ 10,000

이 도서의 국립중앙도서관 출판도서목록(CIP)은,
e-CIP 홈페이지(http://www.nl.go.kr/ecip)에서 이용하실 수 있습니다.

ISBN 978.89.7868.982.3 (93300)

머리말

몇 년 전부터 우리사회에서는 일부 몰상식한 고객이 판매원이나 서비스 제공자에 대한 갑질행동 또.는 폭력행사에 대해 뉴스에 보도되면서 사회적 문제로 이슈화되고 있다. 우리나라의 산업구조가 선진화됨에 따라 서비스산업에 종사하는 사람들이 과거에 비해 크게 증가하고 있으며, 이들 감정노동자에 대한 사회적 관심이 커지고 있다. '감정노동'은 직장인이 사람을 대하는 일을 수행할 때 조직에서 바람직하다고 여기는 감정을 자신의 감정과는 무관하게 행하는 노동을 의미한다(위키백과사전). 우리나라에는 대략 740만명의 감정노동자가 있으며, 대표적으로 콜센터, 고객상담센터 직원 등 고객을 전화로 상담하는 사람들과, 마트, 백화점, 요식업, 항공사 승무원 등 고객과 대면하는 직군, 요양보호사, 간호사, 보육교사 등 사람 돌봄과 관련된 직군, 마지막으로 구청, 동사무소 직원, 사회복지사, 경찰, 소방관 등 공공서비스영역 업무와 관련한 직군 등이 감정노동군에 포함되고 있다. 고객 응대과정에서 일어날 수 있는 폭언이나 폭행 등으로부터 감정노동자들을 보호하기 위해 정부는 산업안전보건법 개정안을 2018년 10월 18일부터 시행하게 되었다.

감정노동자들에 대한 사회적 관심이 증가하고 있는 시점에서 본 저서는 감정노동자들의 삶에 대한 포괄적 내용을 다루고 있다. 구체적으로 감정노동자들이 경험하는 스트레스, 직무소진, 심리적 소진, 직장과 가정의 갈등뿐만 아니라 스트레스 대처방식과 이들에 대한 사회적 지원, 조직시민 행동, 감정노동자들의 생활 만족도 등에 대해 선행연구 고찰을 통해 학문적 부분을 리뷰하였다. 뿐만 아니라 울산에 거주하는 감정노동자 237명을 대상으로 2019년 9월과 10월에 질문지조사를 통해 이들의 감정노동실태에 대해 실증 분석한 결과를 제시하고 있다.

본 저서는 총 9장으로 구성되고 있는데, 서정희 교수는 감정노동과 관련한 선행연구들에 대한 리뷰를 정리하였고, 허은정 교수는 울산 감정노동자들의 감정노동 실태와 관련한 자료를 분석하여 그 결과를 정리하였다. 감정노동자들에 대한 연구를 하면서 저자들은 감정노동자들이 경험하는 문제가 정신건강, 인권, 인간관계 등 광범위함을 알 수 있었고, 결국 감정노동자들의 문제는 사회적인 관점에서 사회구성원 모두가 해결해 나가는 것이 필요하다는 점을 인식하게 되었다. 또한 저자들은 감정노동자들에 대한 사회적 관심과 학문적 연구가 계속 진행되어 이들이 보다 나은 노동환경에서 일할 수 있기를 기대해본다.

마지막으로 이 저서를 출판하는데 많은 도움을 주신 울산대학교 출판부 여러분께 진심을 다해 감사의 마음을 전한다.

2020년 겨울

저자 일동

목차

1장 | 감정노동의 의의

KBS가 2015년 5월 21일 방영한 감정노동 특집에서는 "우리도 행복하게 일할 수 있을까요? 슬퍼도 웃어야 하는 사람들. 우리는 대한민국 700만 감정노동 종사자입니다."라고 시작하였다. 감정노동은 한국사회의 위계적인 노사관계와 악성 소비자들의 갑질문화 때문에 더욱 심각한 사회문제로 대두되었다. '땅콩회항사건'은 노사관계의 갑과 을의 현실을 보여주는 감정노동 관련사건이다. 한 대기업 임원이 이륙 준비 중이던 기내에서 땅콩을 접시에 담아내지 않고 봉지 채 제공한 서비스를 문제 삼으며 항공사 승무원을 대상으로 지나친 서비스를 요구하고 폭행까지 한 것이다. 이 임원의 어머니는 자택의 정원사에게 욕설과 폭력을 가했다는 보도도 있었다. 또 다른 악성 소비자의 예로는 모 명품백화점에서 판매원이 성실하지 않았다는 이유로 고객 모녀가 판매원을 무릎을 꿇리고 따귀까지 때린 사건을 들 수 있다.

우리나라에서는 감정노동을 수행하는 대부분의 감정노동 근로자가 여성이며 외국에서 찾아볼 수 없을 정도로 지나친 감정노동을 수행하고 있다. 여기서 두 가지 요인이 중요하게 거론되고 있다. 첫째, 기존에 여성에게 가정이나 사회에서 요구했던 감정노동이 노동시장의 중요한 노동 특성으로 확산되었다. 과거 가정에서 요구되던 여성의 감정을 억누르는 행태가 자연스럽게 업무 과정에서도 실행되어야 한다는 인식이 팽배해 있다. 여기에 기업이 이윤 추구 및 고객 유치를 위해 '고객은 왕'이라는 무한 감정노동에 돌입하고 있다. 둘째, 전체적으로 한국사회는 승자독식, 성과와 경쟁 등의 치열한 삶을 살고 있어서 자신이 돈을 지불하고 받는 서비스에 대해 스스로의 스트레스를 쏟아내는 배출구의 역할을 해도 무방하다고 보는 배금주의적 가치관이 있다. 따라서 감정노동을 수행하는 노동자를 위한 해결책은 조직의 프로그램, 소비자의 행태 변화를 넘어서 전체 한국사회의 가치관 변화와 함께 갈 필요가 있다(정진주, 2013).

1. 감정노동의 정의

미국의 사회학자인 Hochschild(1983)가 'The managed heart: Commercialization of human feeling'을 출간한 이후 서비스 산업에서 감정노동이라는 개념과 정의가 본격적으로 논의되기 시작하였다. Hochschild(1983)는 서비스업 종사원들은 육체노동과 정신노동 이외에 감정노동이라는 차별화된 노동을 수행하고 있다고 보았다. 서비스업 종사자들이 임금을 목적으로 외적으로 관찰 가능한 표정이나 표현을 창출하고자 자신의 느낌이나 감정을 관리해야 하는 상황을 감정노동이라고 정의하고, 수행 방식에 따라 표면행위와 내면행위로 구분하였다. 표면행위는 자신의 감정을 외면한 채 기업의 강요에 의해 목소리, 억양, 얼굴표정 등을 지어야 하는 것으로 스스로의 의지와 무관하게 어쩔 수 없이 서비스 표준에 맞추어 표현해야 하는 행위이다. 내면행위는 자신의 감정을 기업에서 원하는 기준에 맞추도록 스스로를 변화시켜 나가려는 보다 적극적인 행위이다.

Grandey(2000)는 조직 구성원마다 조직목표를 달성하기 위해 자신의 느낌과 감정표현을 조절하는 과정이 다르다는 점에 수녹하고, 감정노동을 감정조절접근에 기반하여 설명하였다. 즉 표면행위와 내면행위는 감정조절의 동기와 과정에 따라 다르게 나타난다. 표면행위는 구성원의 내적 감정을 변화시키려는 노력 없이, 외적으로 표출되는 가시적인 감정만을 조직의 감정표현 규칙에 일치시키는 행위로서 실제로는 느끼지 않는 감정을 얼굴 표정이나 말씨 등 겉으로 드러나는 표현들을 감정표현 규칙에 맞게 가장하여 표출하는 감정노동 형태를 의미한다. 내면행위는 내적인 감정 상태까지도 감정표현 규칙에 일치되는 방향으로 변화시키고자 노력하는 행위로서 주의분산과 인지변화 등을 적극적으로 활용하여 요구되는 감정을 진심으로 표현하는 감정노동의 수행 방식을 의미한다(Brotheridge and Grandey, 2002; Grandey, 2003).

Morris & Feldman(1996)은 감정노동은 4가지 구성요소로 이루어진다고 하였다. 조직에서 요구하는 적절한 감정표현을 하는데 필요한 계획, 통제, 기술의 수준에 초점을 두면서 감정노동을 감정표현의 빈도, 감정 표현 규범에 요구되는 주의 정도, 감정표현 규범의 다양성, 조직이 요구하는 기대 감정을 표현하는 데서 기인하는 감정적 부조화 등이다.

여러 연구자들에 의해 제시되고 있는 감정노동의 개념들은 서로 다소의 차이점들이 있는데, 이러한 차이는 완전히 서로 상반되기 보다는 특정 현상을 어떤 측면에서 바라보느냐에 따른 것으로 개념적 정련화 및 확대상의 문제라고 보아야 한다. 각 연구들은 선행연구의 미흡한 점을 보완하기 위해 새로운 아이디어 및 방향을 제시하며 발전되어 왔기 때문이다. 감정노동의 6가지 구성요소로는 감정표현의 빈도, 감정표현규범에 요구되어지는 주의정도, 긍정적 및 부정적 정서성, 고객태도, 역할 수행 대상자의 권력, 감정표현의 다양성이 포함되었다(성연옥, 2013).

현남숙(2014)은 서비스 산업의 증가에 따라, 감정노동도 이전보다 시장에서 더 요구되는 상황에서 감정노동의 상품화가 증가함에 따라 이에 대한 다양한 평가를 제시했다. Hochschild는 감정노동이 노동의 진정성을 방해한다고 진단하는가 하면, Ropez는 감정노동도 진정적일 수 있다고 주장했다. 이러한 차이는 감정노동 자체의 속성에서 비롯되기 보다는, 감정노동이 교환되는 사회적 구조와 교환 규칙의 해석에서 생겨난다. 감정노동의 조건을 제시하고 그에 맞게 사회적 교환의 조건을 변화시키면, 감정노동은 소외된 노동이 아니라 감정적 보살핌이 될 수 있다.

임지은(2016)은 서비스기업인 호텔에서 이루어지는 대고객 접점직원의 감정노동에 대한 인식 유형과 주관성을 유형화한 탐색적 연구를 하였다. 대고객 접점 직원은 프론트오피스, 식음료 부서직원을 중심으로 선정하였으며 감정노동에 대한 인식분석에 있어서 개인의 주관성의 영역에서 살펴보는데 유용한 Q방법론을 이용하여 분석하였다. 40개의 Q 진술문으로 41명의 P 표본을 대상으로 분류하여 분석한 결과, 감정노동에 대한 인식유형은 충성적 행동형, 표면적 행동형, 원칙적 노력형, 인위적 노력형 등 4개의 유형으로 발견되었다. 또한 각 유형별 특징과 공통점을 확인하였으며 각 유형에 따라 감정노동을 바라보는 관점과 고객에 대한 접근방식이 다르다는 것을 제시하였다.

김민주(2017)는 문헌 연구를 통하여 감정노동의 발견이 지니는 학술적 공헌을 살펴본 후, 지나치게 감정 작업의 연장선상에서 감정노동을 개념화하고 있는 선행연구들을 비판적으로 고찰하고, 서비스 노동의 본질을 반영하는 새로운 개념정의를 제안하였다.

본 연구는 감정노동을 '노동 중의 감정 작업'이 아니라 '감정 작업을 통한 노동'으로 이해해야만 감정 작업의 경제적 교환가치에 주목하고 있는 '감정의 상품화 현상'을 개념정의에 핵심적 의미로 내재화할 수 있으며, 선행연구들의 개념정의에서 나타나는 한계를 벗어날 수 있다고 판단하였다. 따라서 본 연구에서는 감정노동을 '고객과의 상호작용을 통한 서비스를 제공하는 과정에서 조직 또는 고객이 기대하는 감정표현 규범을 준수함으로써 양질의 서비스를 제공하기 위한 감정조절 및 감정표현 노력'으로 개념화하였다. 이러한 정의는 감정노동 수행의 적극적인 측면을 반영하기 위하여 감정노동의 전제 및 직무 수행과정에 필요한 핵심적 작업과 함께 감정노동의 목적도 감정노동의 개념에 포함시킨 것이다. 또한 노동중심으로 새롭게 개념화된 학술적 정의와의 일관성을 유지하면서도, 감정노동자의 직무 수행 과정에서 요구되는 감정 작업을 총체적으로 포괄하는 감정노동의 구성성분을 제안하였다. 이 연구에서 제안한 감정노동의 구성성분은 감정억압, 표면행위, 심층행위, 감정 주의, 감정전달, 공감 등이다.

감정노동의 개념에 관한 관점은 학문분야에 따라 다르다. 사회학적 관점에서는 감정노동을 임금을 목적으로 감정관리를 하는 직업라고 정의하였다. 감정노동이 기업의 이익을 도모할 수는 있으나 직원은 개인적인 자신의 감정을 공적 영역으로 교환하게 되는 내적 과정을 경험한다. 조직행동학적 관점에서는 경험된 내적 감정의 과정보다는 관찰 가능한 감정표현 규칙의 외적효과에 대해 논의하였다. 업무수행과 관련된 직원의 진정한 감정표출은 기업, 직원, 소비자에게 이득이 된다고 주장하였다. 심리학적 관점에서는 감정노동을 상호작용 활동 중 조직에서 요구하는 감정을 표현해야 하는 노력, 계획, 통제라고 정의하고, 부조화이론과 감정규제에 대한 논의를 바탕으로 감정표출자의 심층에 초점을 맞춘다(한시완, 2013).

감정노동을 설명하는 다양한 이론이 있다(한시완, 2013). 첫째, 성역할이론에 의하면, 타인의 감정을 배려하는 일, 순종을 요구하는 일, 돌봄이 필요한 일은 여성이 남성보다 두 배 많이 관여하고 있다. 이는 감정노동이 여성에게 적합하다고 믿는 성별 고정관념이 낳은 결과이다. 우리나라는 1960년대 국가의 통제 아래 조직업무의 자율성이 극도로 제한되었고 서비스 산업의 팽창으로 감정노동의 영역이 확산되었다. 비정규직 등의 구조조정과 함께 권위주의적 조직문화는 남성의 권위주의 아래 여성의 상대적 저위성을 지속시켜 왔다. 감정노동의 최접점에 위치한 여성들은 조직과 고객의 삼각관계에서 "갑을관계', "소비자는 왕"이라는 구호아래 놓이게 되었다. 여성은 남성에 비해 성장과정에서 본인의 감정을 표현하는 방향으로 학습되었기 때문에 감정노동 중에서 표면행위에 더 취약하다.

둘째, 자아개념과 자신이 소속된 집단간의 구조와 기능을 설명하는 사회정체성 이론에 의하면, 사람은 긍정적인 평가를 받기를 원하는데 자기평가의 중요한 근거 중의 하나가 자신이 동일시하고 있는 집단이다. 자신이 소속한 집단에 강하게 동일시할 경우, 자신이 하는 업무의 가치를 보다 더 인식하게 되고, 표현규칙을 포함하는 역할 기대도 더 잘 하게 된다. 이러한 이유로 감정노동자들이 감정노동의 업무방식을 선택하는데 있어 개인이 지각하는 사회정체성이 중요한 요인이 된다.

셋째, 권한위임이론에 의하면, 직무상황에서의 권한위임이 내적동기로 작용하여 자기유능감 수준을 높이고 내적귀인으로 이어져 직무만족 및 직무성과에 긍정적인 영향을 미친다. 제조업경제에서 서비스경제로 전환되면서 권한위임이론이 감정노동현장에서 자기결정이론으로 확장되었다. 자기결정이론은 인간의 자율성 지각이 내적 동기로 작용하여 좋은 수행결과를 가져온다고 설명한다.

넷째, 자원보존이론에서는 사람은 자신이 가치있다고 여기는 자원을 확보하고 유지하기를 원하는데 자원의 상실이 탈진에 영향을 미치는데, 감정노동이 자원 상실을 초래하는 선행요인으로 작용하여 탈진 변인 중 정서적 고갈 및 비인간화에도 영향을 미친다고 주장하고 있다.

마지막으로, 심리적 비용이론에 의하면 감정노동을 하는데 심리적 비용이 든다. 심리적 비용은 표면행위, 심층행위, 진실된 표현의 세가지 감정노동 유형이 감정부조화, 가식적인 느낌, 심리적 노력에 따라 다르다. 예를 들어 표면행위를 하면 자기의 감정과 다른 감정을 표출하므로 높은 수준의 감정부조화를 경험하고, 심층행위는 상대방과 같은 감정을 느끼려고 노력하는 것이므로 낮은 수준의 감정부조화를 경험한다는 것이다.

2. 감정노동의 특성

사회복지사를 대상으로 하여 근거이론적 접근법으로 연구한 고재욱(2013)에 의하면 사회복지현장에서도 감정노동은 흔한 일이며 직장 내에서 감정을 계속 통제하는 것이 일상화되고 있다. 특히 클라이언트와 끊임없이 대면하면서 그들의 욕구를 충족시켜 주는 서비스를 제공하기 위해 수용적이고, 관용적이고, 이해심 많고, 도우려는 사람이어야 한다는 암묵적인 요구를 받으며, 자신의 감정을 숨기고 웃을 수 있어야 하고 모든 상황이 마음에 들지 않더라도 적절하게 포장된 인간관계를 형성해야만 긍정적으로 평가를 받을 수 있기 때문이다.

은행 서비스 종업원을 대상으로 조사한 김경은과 조성도(2013)의 연구에 의하면, 종업원의 고객지향적 성격은 감정노동의 내면 행위에 긍정적 영향을 미쳤으나 표면행위와는 유의한 관련성이 없었다. 학습 목표지향성은 감정노동의 내면행위에 유의한 영향을 미쳤고 성과 목표지향성은 표면행위에 유의한 영향을 주었다. 그리고 감정노동의 내면행위는 직무만족을 향상시켰으나 표면행위는 감소시켰다.

고재욱(2014)에 의하면 요양보호사의 감정노동 하위변수별 직무만족도는 감정노동빈도, 감정에 대한 주의정도, 감정부조화에 따라 의미있는 차이가 나타났다. 감정노동 하위변수별 이직의도는 감정노동빈도, 감정에 대한 주의정도에 따라 차이가 나타났으나 감정부조화에 따라서는 차이가 없었다. 감정노동의 직무만족은 감정노동 빈도에 따라서만 차이가 나타났다.

황수아와 최한올(2014)은 서울시에서 근무하는 경력 10년 이하의 초등교사 9명을 심층면담하여 분석한 결과, 초등교사들의 감정노동에 대한 개념적 인식 수준은 미미하였다. 하지만 그들은 자신들의 직업 활동이 끊임없는 감정관리를 요구하며, 그 과정에서 직무스트레스, 소진과 같은 상태를 경험하고 있다고 답하였다. 초등교사가 감정노동을 경험하는 대상은 크게 학생, 학부모, 관리자로 나눌 수 있다. 학생과의 관계에서 감정노동의 주요 원인은 모욕적인 말과 행동, 교육활동에 대한 참여 거부 등이며, 학부모와의 관계에서는 연령 차이에 따른 무시, 모욕적 언사, 수업에 대한 간섭 등이다. 그리고 관리자와의 관계에서는 교육 외의 업무 부과 등이 가장 큰 요인으로 나타났다. 초등교사들은 감정부조화를 해소하기 위하여 '상대방 이해하기, 자신의 감정을 바꿔 표현하기, 서로 관계 맺기, 학교생활과 자신을 분리하기' 등의 감정 관리 방법을 이용하고 있었다.

김고은, 박연주, 고은주(2014)는 재가시설 근무 요양보호사 8명을 대상으로 하여 심층면접을 진행하였다. 분석 결과, 참여자들이 감정노동자로써 느끼는 고충경험은 '업무의 전문성결여', '성적 모멸감의 경험', '업무에 대한 양가감정에서의 혼란', '관계의 어려움'이라는 4개의 구성요소가 도출되었다. 연구자들은 연구결과를 바탕으로 하여 교육의 중요성, 양가감정조절의 중요성, 성적 인권보호를 위한 적절한 사례관리제공의 중요성, 관계형성 및 개선의 중요성을 정책적 함의로 제시하였다.

문현주, 신혜정, 강방글, 권지성(2014)은 사회복지전담공무원

15명을 만나 심층면접 등을 통해 자료를 수집하였고, 질적 사례연구 방법으로 자료를 분석하였다. 분석결과 나타난 주제는 '감정노동의 대상: 대거리하는 사람들', '감정노동의 양상: 마음에 일어나는 파문', '감정노동에 대한 일차적 대처: 참는 것이 상책', '감정노동의 영향: 가슴속의 응어리', '감정노동에 대한 이차적 대처: 상한 마음 감싸안기' 등이었다.

김혜진, 노은영, 정세정, 유진선(2014)은 현상학적 연구방법을 활용하여 사회복지사가 경험하는 감정노동의 실체를 파악하였다. 사회복지사가 경험하는 감정노동 경험의 구성요소는 '클라이언트의 삶이 내게 온다는 무게감', '사회복지사로서 꿈꿔왔던 이상이 현실이라는 벽에 부딪힘', '사회복지사로서의 의미 찾기', '끊임없는 감정컨트롤 상황을 마주대하는 전략', '에너지 고갈로 인해 열정이 사그라듬', '계속되는 적응'등의 6개 중심의미와 15개 하위구성요소로 도출되었다.

공혜원과 김효선(2014)에 의하면 근로자의 성취감, 고객의 친사회적 행동, 조직 내 칭찬 및 인정이 근로자들의 긍정 감정을 유발하는 것으로 확인되었다. 고객의 인권침해 행동, 관리자의 관계관리 능력 부족과 같은 요인들이 부정 정서를 유발하는 것으로 확인되었다. 부정정서, 긍정정서에 영향을 미치는 맥락적 특성은 직무특성, 고객만족 중시 문화, 직업에 대한 사회적 인식 등과 같은 요인이 확인되었다. 상호작용은 내면행위, 표면행위, 감정일탈, 고객회피, 자발적 내면행위 등이 나타났고, 결과 요인으로는 심리적 웰빙, 고객지향적 행동, 조직 건설적 행동 및 일탈행동 등이 확인되었다. 정서경험으로 인해 야기되는 상호작용 및 결과 관계를 촉진, 완화하는 요인은 개인측면과 조직측면으로 나뉘었다. 개인 측면의 경우, 경력, 경험, 성격과 같은 개인특성과, 소속감, 일과 삶의 조화와 같은 심리적 특성 및 감성지능 역량이 확인되었다. 조직측면으로는 조직학습, 도구적 지원, 정서적 지원과 인권보호장치 등이 중재적 조건으로 확인되었다.

이원희(2015)는 유목적 표집법에 의해 총 10명의 연구참여자를 선정하여 참여관찰과 심층면담을 통해 자료를 수집하였으며, 수집한 자료는 텍스트 분석을 실시하였다. 감정부조화 경험의 경우에는 느낌규칙과 표현규칙에서는 감정보다 승리, 학습된 무감각, 타인 조직의 감정이 우선이라는 내용을 도출하였다. 감정관리를 위한 노력들의 경우에는 감정을 연출하라, 참을 인을 새기며, 신체를 활용하라, 생각을 바꿔라 등이 나타났다. 마지막으로 스포츠에서의 감정노동, 개인적 영역에서 공적 영역으로라는 범주를 도출하였다.

우이식, 장순옥, 정진경(2015)은 프랜차이스 베이커리에 종사하고 있는 생산 종사원들이 수행하는 과정에서 나타나는 감정노동과 직무태도가 고객지향성에 유의한 영향을 미치는지를 분석하였다. 탐색적 요인분석을 통해 감정노동은 표면행동과 내면행동 2개 요인, 직무태도는 이직의도, 조직몰입, 직무만족 3개 요인, 고객지향성은 1개 요인으로 도출되었다. 프랜차이즈 베이커리 종사원들이 수행하는 과정에서 나타나는 감정노동 중 표면행동은 직무태도에 정의 영향을 미치고, 내면행동은 직무태도에 영향을 미치지 않았다. 프랜차이즈 베이커리 종사원들의 직무태도인 이직의도, 조직몰입, 직무만족이 고객지향성에 미치는 영향관계를 분석한 결과 3개 요인 모두 고객지향성에 정의 영향을 미쳤다.

심용출, 나동석(2015)은 현상학적 질적 연구방법론을 통해서 지역사회복지관에 종사하는 사회복지사들의 감정노동 경험을 분석함으로써 사회복지사들이 갖고 있는 감정노동 경험의 본질과 의미를 밝히는 것을 연구의 목적으로 하였다. 이에 지역사회복지관에 종사한지 5년이 넘는 사회복지사 10명을 연구 참여자로 선정하여 심층 면담을 실시하였으며 인터뷰 내용은 연구참여자들의 동의하에 녹음하여 녹취하였고 자료의 분석결과 331개의 의미단위, 91개의 의미단위 요약문, 26개의 하위구성요소, 그리고 7개의 구성요소를 도출하였다. 지역사회복지관에 종사하는 사회복지사의 감정노동의 구성요소는 "사회복지사가 감정노동을 경험하게 되는 이유", "직무 외 감정노동 경험", "사회복지사가 경험하는 감정노동의 대상들", "감정노동 경험의 긍정적인 영향들", "감정노동 경험의 부정적인 영향들", "사회복지사가 감정노동에 대처하는 방법", "변화를 위한 기대"로 나타났다. 이에 본 연구에서는 이러한 사회복지사의 직무상 나타나는 감정노동을 1차 감정노동과 2차 감정노동으로 구분하여 인식할 필요성을 분석결과로 제시하였고, 사회복지사의 일을 감정노동의 관점에서 그 직무의 특성을 고려해야 할 필요, 그리고 적절한 직무자원의 지원 방안에 대한 논의를 제안하였다.

류숙진(2015)에 의하면, 보험사는 회사의 관리 방식을 따르는 것이 설계사들의 직업적 성취와 직결됨을 강조하면서 설계사들이 자발적으로 감정표현규칙을 준수하여 직무를 수행하도록 동기를 부여하고자 한다. 그것을 위해 설계사들의 외양과 자아 정체성을 조직에서 기대하는 방향으로 변모시켜 그들의 사적 자아를 조직이 제시하는 직업적 자아에 일치시키고자 한다. 그러나 실제 보험설계사들이 수행하는 감정노동은 조직의 요구를 전면적으로 수용하기 보다는 개별 설계사들의 사적 자아와 조직의 요구가 협상된 결과로 수행된다. 이를 통해 설계사들은 감정부조화나 불일치를 최소화 하고 자아를 유지하려 한다. 그러나 설계사들이 자신의 진정성과 정체성을 지키려는 의지는 그들의 내면에 더 깊이 개입하려는 조직에 의해 지속적으로 손상된다.

고경동(2015)은 지역사회서비스 종사자를 대상으로 감정노동을 얼마나 하고 있는지를 알아보고, 그 원인과 수행과정, 결과의 인과관계와 구조적 프로세스를 밝혔다. 행정 각 부문에서 감정노동은 실제로 이루어지고 있었고, 개인과 정부행정에 상당히 부정적인 요소가 될 가능성이 있었다. 감정노동의 원인은 개인과 업무의 특성에 따라 발생하였으며, 감정노동의 수행과정은 각각 직무스트레스의 증가, 감정적 탈진의 발생, 직무만족의 감소로 이어질 수 있다.

사회복지사를 대상으로 한 권순만, 전순득, 고재욱(2015)의 연구에 의하면, 감정노동은 직무만족과 부의 상관관계를, 위험요인과는 정의 상관관계를, 직무만족은 위험요인과 부의 상관관계를 맺고 있었다. 감정노동이 직무만족에 미치는 영향에 대한 위험요인의 매개효과를 검증한 결과, 1단계에서 감정노동은 위험용인에 정의 영향을 미쳤으나 2단계에서는 감정노동이 직무만족에 부의 영향을 미쳤고, 3단계에서는 매개변수인 위험요인이 직무만족에 영향을 미쳤으나, 독립변수인 감정노동은 직무만족에 영향을 미치지 않았다.

호텔종사원을 대상으로 한 권오영과 김용순(2015)의 연구에 의하면, 감정노동의 표면적 행위와 내면적 행위는 직무만족과 정의 관계를 맺고 있었고, 직무만족은 서비스 품질과 유의미한 관계를 맺고 있었다.

직무만족과 직무성과 간호사의 감정노동과 관련변수의 메타분석을 한 김신향과 함연숙(2015)에 의하면, 감정노동과 관련된 변수의 전체 효과는 중간 이상으로 나타났고, 직무변수군의 효과가 가장 컸고, 그 다음은 조직변수군, 개인특성변수군 순서로 나타났다. 감정노동의 하위변수의 효과는 감정부조화가 가장 컸고, 감정부조화, 감정표현주의성, 내면행위, 감정표현빈도, 감정표현다양성, 표면행위 등도 효과가 컸고, 감정표현지속시간은 효과는 중간이었다. 개인특성 변수 중에서는 신체화증상의 효과가 가장 컸고, 그 다음은 우울이었다. 조직변수 중에서는 이직의도의 효과가 가장 컸고, 간호조직문화의 효과도 큰 것으로 나타났다.

김인선(2015)에 의하면, 직무요구-자원은 직무소진 및 직무열의와 정적인 관계를 보였고 직무요구는 표면행동을, 직무자원은 내면행동을 유발하였다. 그러나 내면행동은 직무열의에 정적인 관계를 보였고 표면행동은 직무소진에 의미있는 영향을 미치지 않았다. Boostrap을 통해 매개모형을 검증한 결과, 두 간접효과가 유의하지 않아 직무요구-자원수준이 직무태도인 직무소진과 직무열의에 미치는 영향에 있어서 감정노동 전략수행의 매개역할은 검증되지 않았다.

김종우와 김왕배(2016)는 국내에서 생산된 감정노동 관련 텍스트들을 토대로 감정노동에 대해 다양한 시각들이 어떻게 서로 교차하고 있는지 검토하였다. 이 연구를 통해 유형화된 감정노동에 대한 담론은 크게 감정노동자들이 경험하는 성차별적 요소 및 여성이 감정노동에 적합하다는 여성성의 편견을 비판하는 '성인지적 담론'과, 기업의 내적통제로 인한 감정노동자의 소외 구조에 주목하는 '정치경제적 담론'으로 구성되어 있다. 대부분 감정노동의 기술을 교육하는 텍스트들로 구성되어 있는 경영담론은 감정노동의 어휘 대신 친절, 소비자 감동, 감성경영, 고객만족경영 등의 대체 용어들이 선호되고 있다. 감정노동을 둘러싼 담론들이 상이한 방식으로 경합·공존하고 있는데, 전자의 두 담론유형은 감정노동의 성적차별 혹은 노동자 소외 해결을 실천과제로 제시하고 있는 반면, 경영담론은 소비자만족과 판매상승을 위해 감정규범 습득을 강조한다. 감정노동의 담론 속에는 한국의 산업구조 변동에 따른 '자본-노동-소비'의 관계에 대해 서로 다른 시각들이 집약적으로 함축되어 있다.

한상근(2016)은 우리나라 세분류 직업 203개의 감정노동 실태를 분석하였다. 이를 위하여 한국직업능력개발원에서 203개 직업에 종사하는 현직자 5,667명을 설문조사한 자료를 이용하였다. 직업 중분류 수준에서 감정노동의 정도를 비교해 보면 감정노동을 상대적으로 많이 수행하는 직업군은 음식 서비스 관련직, 영업 및 판매 관련직 등이다. 세분류 수준에서 보았을 때 다른 직업과 비교하여 감정노동을 상대적으로 많이 수행하는 직업은 75개이다. 감정노동을 특별히 많이 수행하는 직업은 항공기 객실승무원, 홍보 도우미 및 판촉원, 통신서비스 및 이동통신기 판매원 등의 순으로 조사되었다. 이 연구에 따르면 감정노동은 백화점 판매원, 전화 상담요원 등 특정한 분야의 노동자에게 국한된 문제가 아니라는 점을 알 수 있다. 문화·예술 분야의 전문직, 그리고 보건의료 분야 다수의 전문직과 보안 분야 직업도 감정노동을 수행한다. 치과의사, 약사, 간호사, 경찰관, 아나운서, 미용사, 사회복지사, 유치원 교사 등은 감정노동을 상대적으로 많이 수행하는 직업이다. 인구사회학적 특성을 보면 여성, 30대 이하 연령, 외국기업에 일하는 직업인이 감정노동에 많이 노출되어 있다. 감정노동과 다른 변수와의 관계를 살펴보면 일자리 창출, 일자리 성장, 대인관계능력, 의사소통능력 등이 감정노동과 특별히 상관관계가 높았다. 이러한 연구 결과를 종합해 보면 감정노동을 수행하는 직업은 일부 서비스직에 국한되지 않고 상당히 광범위하며, 감정노동에 관한 정책도 보편적 수준에서 이루어져야 한다.

김다래(2016)는 유아교사 7명을 심층면접하여 유아교사가 경험하는 감정노동을 분석하였다. 유아교사가 교육현장에서 경험하는 감정노동에는 교사역할 수행을 위한 내면감정조절, 교사-부모관계의 불균형, 암묵적 교직문화 관습의 수용이 있었다. 유아교사의 감정표현을 통제하는 교육현장의 감정규칙에는 사회적 인식에 알맞은 교사상 강조와 사립유치원의 고착된 운영체계 강조, 교사의 승진과 평가제도의 고려가 있었다. 유치원 교사의 감정노동 관리방법에는 구성원들과 긍정적인 관계 맺기, 긍정적 표출을 통한 털어내기, 변화주어 기분 전환하기가 있었다. 또한 유아교사의 감정노동 해소를 위한 개선방안으로는 유아교사의 교육환경 개선, 유아교사의 전문성 향상, 유아교사의 교권신장이 제시되었다.

양경욱, 윤세준, 채연주(2016)는 감정노동연구에서 지배적이었던 변수 중심적 접근이 갖는 한계를 밝히고 그에 대한 대안으로서 사람 중심적 접근을 제안하였다. 변수 중심적 접근의 연구방법은 감정노동 수행자를 단일한 집단으로 가정하며, 실제 각 작업자가 두 감정노동 전략들을 어떻게 상이하게 조합하여 사용하고 있는가를 포착하지 못하는 한계를 갖고 있기 때문이다. 사람 중심적 접근은 변수 중심적 접근과 달리 두 감정관리 전략들을 활용하는 이질적인 패턴들을 파악하고 이에 따라 작업자를 하위 집단으로 나누어 볼 수 있다. 이 방법을 활용하면 기존에 보지 못했던 감정노동 전략의 효과에 관해서 새로운 관점을 획득할 수 있다. 사람 중심적 접근 방법에 따른 연구를 수행하기 위해 본 연구는 잠재 프로파일 분석을 통해서 내면연기와 표면연기를 조합하는 정도에 따라서 감정노동 작업자들을 서로 이질적인 그룹으로 구분해 보았다. 391명의 판매직 사원을 대상으로 분석한 결과, 두 연기기법을 모두 활용하는 집단(저글러), 어느 한 연기기법을 주로 사용하는 집단(표면연기자 또는 내면연기자), 그리고 연기를 거의 하지 않는 집단(비연기자)이 관찰되었다. 각 유형 간의 심리적 건강상의 차이도 살펴보았는데, 저글러 유형이 감정소진 및 자아 소외감을 가장 크게 경험하는 것으로 나타났다. 그러나 그동안의 감정노동 연구가 암묵적으로 가정한 것과는 달리 표면연기자와 내면연기 간에는 감정소진 및 자아 소외감에서 차이가 나타나지 않았다. 이는 내면연기를 표면연기에 비해 더 나은 전략으로 파악했던 기존 논의를 재고하게 한다. 다른 한편, 개인이 특정 그룹에 속하게 유인하는 요인을 크게 개인특성(부정적 · 긍정적 감정성향)과 서비스업의 직무특성(고객대면의 지속시간 및 빈도)으로 나누어 살펴보았는데 연구결과, 빈도를 제외한 세 요인들이 유의하게 나타났다.

권우석, 김예진, 이규민(2016)은 국내 Hospitality 서비스 직원에 대한 감정노동 연구 결과와 데이터들을 통합하여 메타분석을 진행함으로써 감정노동의 결과 변수들에 대한 영향력을 파악하였다. 2008년부터 2016년 3월까지 출간된 감정노동 논문 1,420편을 검색하여 감정노동의 행위 전략인 표면행위와 내면행위를 중심으로 Hospitality 분야 연구 121편을 선정하였으며, 코딩 매뉴얼을 통해 자료들을 정리하고 변수들을 범주화하여 긍정 결과 변수 12개와 부정 결과 변수 6개를 도출하였다. 긍정 결과 변수들에 대해 표면행위의 효과 크기는 아무런 영향을 주지 않는 것으로 나타났으며, 내면행위는 정의 영향을 미쳤다. 부정 결과 변수에 대해서는 표면행위는 정의 효과 크기를 나타냈으나, 내면행위의 효과 크기는 유의하지 않았다. 그러나 부정 결과 변수 중 소진은 부의 효과 크기를 보임으로써 내면행위의 억제 효과가 있었다.

김미향과 이현진(2016)은 사립유치원에 근무하는 교사 5명을 선정하여 심층 면담한 결과, 교사들은 부모와 관계 맺음에서 긍정적 정서를 보여주기 위해 자신의 감정을 조절하고 관리하는 부정적 정서를 내면화 하고 있었다. 교사들이 경험하는 부모와의 관계는 감정노동의 관점에서 다음과 같이 분석되었다. 위계적 조직문화를 수용하면서 맞춤형 서비스제공을 요구받게 되고 기계적 친절을 베풀면서 거짓자아를 경험하고 있었다. 동등하지 않은 상호작용 상황에서 교사의 정서는 위축되고 섬김의 자세로 순응하고 있었다. 교사는 부모와 관계 맺음에서 가식적 언어를 통한 공감 없는 상호작용으로 신념에 혼란을 느끼고 있으며 이러한 혼란은 유아에게 전이되는 양상을 보였다.

염영희, 이현숙, 손희숙(2016)은 간호사가 임상현장에서 경험하는 감정노동에 대한 그들의 생각과 경험을 이해하기 위해 포

커스 그룹 인터뷰를 통하여 분석하였다. 임상간호사가 경험하는 감정노동의 첫 번째 주제인 '참아내기'는 대상자 간호 목표를 달성하고 원활한 업무진행을 위하여 화나 분노 또는 내면의 부정적 감정을 억누르고, 가능한 대상자와 치료적 신뢰관계를 원만히 형성하고 이미 형성된 관계를 유지하기 위하여 많은 의식적 노력을 기울이고 있었다. 더 나아가 간호사로서 업무에 임할 때는 자신의 진실한 감정을 감추고 거짓된 친절하고 상냥한 모습을 대상자에게 보여줌으로써 감정적 스트레스를 유발하는 감정적 사건을 피하려고 노력하였다. 두 번째 주제인 '대상자와 교감하기'는 인간 본성에 대한 기본적인 이해를 바탕으로 간호사의 도움이 필요한 간호대상자의 처지와 입장을 진심으로 이해하려고 노력하였다. 대상자와 정신적 교감을 통해 간호사의 진심이 대상자에게 전달되고 대상자로부터 받는 감사의 표현을 간호업무에 대한 보상으로 인식함으로써 대상자의 정신적 및 신체적 건강 회복을 위하여 최선을 다해 도와주고자 하는 의욕을 느낀다. 이러한 감정은 간호업무과정에서 발생하는 정신적 스트레스를 극복하는 에너지로 작용한다. '감정적 긴장을 유발하는 업무환경' 주제는 의료서비스에 대한 기대와 인식이 높아지면서 대상자는 정당하게 진료 및 간호받을 권리를 주장하고, 지불한 대가에 대한 보상을 기대하고, 그 보상이 흡족하지 못하다고 느낄 때 대상자는 불편한 감정을 간호사에게 표현하게 되는데, 이는 간호사의 감정적 스트레스를 유발하는 감정적 사건으로 이어진다. 의료기관에서는 경쟁적 경영환경에서 고객만족경영을 위해 조직의 서비스 규범을 만들고 조직원으로 하여금 이를 따르도록 하고 있다. 또한 조직은 간호사에게 대상자 돌봄

뿐만 아니라 상냥함과 친절을 요구하고, 간호사 개인 및 일선 간호부서의 고객응대정도를 주기적으로 평가하고 이를 더 나은 방향으로 개선하도록 요구한다. 이는 조직의 경영전략의 일환으로 간호사의 친절과 상냥함이 의료서비스 상품의 질을 결정하는 요인으로 작용하므로 간호사는 조직이 요구하는 감정을 표현하기 위한 감정적 노력을 수행한다. 네 번째 주제인 '감정적 사건에 반응하기'는 간호사의 감정노동에 대한 중재에 관한 것으로 간호사들은 감정노동을 경험한 후에는, 부서장으로부터 적절한 지지를 기대하는데 특히 부서장의 중재에 따라 감정노동의 영향이 다르다고 하였다. 또한 간호사 개인의 특성에 따라 감정노동은 다르게 나타나는데, 적극적으로 자신의 실제 감정을 표현하는 간호사는 감정노동의 부정적 영향을 비교적 적게 경험하였다. '감정적 에너지 회복하기'는 간호사들이 감정노동을 유발하는 감정적 사건 경험 후 감정조절 및 감정노동의 부정적 스트레스를 극복하기 위한 방안에 관한 것이다. 혼자 울거나, 물리적 폭력, 과도한 수면, 폭음, 약물사용 등 즉각적이고 건설적이지 못한 파괴적인 행동은 개인뿐만 아니라 조직에도 부정적인 영향을 초래한다.

서재현과 대호(2017)는 리더의 코칭행동이 회복탄력성에 어떠한 영향을 미치는지 또한 회복탄력성이 감정노동자의 긍정적 행동을 나타내는 내면행동과 부정적 행동을 나타내는 표면행동에 어떠한 영향을 미치며, 리더의 코칭행동이 감정노동자의 표면 행동과 내면행동에 어떠한 역할을 하고 있는가를 분석하였다. 리더의 코칭은 감정노동자의 회복탄력성에 긍정적 영향을 미치는 것으로 나타났다. 높은 회복탄력성이 구성원의 표면행동을 감소시키는데 긍정적 영향을 미친다. 높은 회복탄력성이 구성원의 내면행동을 촉진시키는데 긍정적 영향을 미치고, 회복탄력성은 리더의 코칭이 감정노동자의 표면행동에 미치는 영향을 매개한다. 회복탄력성은 리더의 코칭이 감정노동자의 내면행동에 미치는 영향을 매개하였다.

염은이(2017a)는 졸업학년 간호대학생의 감정노동에 대한 인식을 이해하기 위해 연구하였다. 연구참여자는 충남소재 1개 간호대학에 재학 중인 졸업학년 간호대학생 11명이었다. 자료수집 기간은 2016년 9월 5일부터 11월 25일까지였으며, 자료수집은 심층면담을 통해 자료가 포화될 때까지 이루어졌다. 모든 면담 내용은 녹음하여 참여자가 말한 그대로 필사하였으며, 수집된 자료는 Colaizzi의 현상학 연구방법을 적용하여 분석하였다. 연구결과 21개의 주제가 확인되었으며, 10개의 주제모음과 5개의 범주가 도출되었다. 졸업학년 간호대학생이 인식하는 감정노동에 대한 5개의 주요 범주는 '비합리적인 상황으로 인한 혼란', '간호직에 대한 회의', '간호사의 힘든 처지에 대한 공감', '간호사의 언행을 학습' 그리고 '미래를 위한 준비'로 구성되었다.

임상간호사를 대상으로 한 권영은(2018)의 연구에 의하면, 임상간호사들은 중증도 이상의 감정노동에 노출되어 있었는데도 불구하고, 이에 대한 자신의 감정을 제대로 표출하지 못하고 간호사에게 요구되는 태도와 행위를 취함으로써 감정의 부조화를 경험하는 경향이 높았다. 감정노동과 심리적 안녕은 음의 상관관계가, 회복탄력성과 심리적 안녕은 양의 상관관계가 있는 것으로 나타났다.

구정순과 김선호(2018)에 의하면, 감정노동의 하위요인인 심층행위를 수행할수록 직무스트레스가 낮아지고, 직무만족이 높아지며, 또한 심층행위와 직무스트레스의 관계에서 조직 동일시는 부의 조절효과가 있을 뿐만 아니라 심층행위와 직무만족의 관계에서 조직 동일시에 의한 직무스트레스의 조절된 매개효과가 있는 것으로 나타났다. 반면, 표면행위를 수행할수록 직무스트레스가 높아지고 직무만족이 낮아지며, 표면행위와 직무스트레스의 관계에서 조직 동일시는 정의 조절효과가 있으면서 표면행위와 직무만족의 관계에서 조직 동일시에 의한 직무스트레스의 조절된 매개효과가 있는 것으로 확인되었다.

주영효(2018)는 중학교 교사가 경험하는 감정노동에 대한 질적 분석을 목적으로 연구하였다. 이를 위해 눈덩이 표집선정을 통해 11명과의 심층면담을 실시하였으며, 수집된 면담 자료는 연구 참여자들의 경험을 통합적으로 제시할 수 있는 Colaizzi의 현상학적 연구 방법을 적용하여 감정노동 경험의 본질과 의미 구조를 분석하였다. 심층면담 자료 분석 결과, 중학교 교사의 감정노동 경험은 89개의 의미 있는 진술이 추출되었다. 이를 본 연구는 28개의 의미로 형성하고, 7개의 주제를 바탕으로 3개의 주제묶음을 도출하였다. 구체적으로 연구에 참여한 중학교 교사들은 스스로 감정노동자라는 인식을 명확히 하였고, 학생 및 학부모와의 교육적 · 일상적 관계, 동료 및 학교행정가와의 학교행정 및 교육관련 업무 관계 속에서 부정적 감정을 경험하고 있었지만, 감정노동 상황에서 스트레스, 분노, 괴로움, 불쾌감 등의 부정적 감정을 억누르고, 의도적으로 "회피" 또는 개인의 성격 탓으로 돌려 "자조적 자세"를 취하거나 학교 내 · 외의 공간에서 "홀로 자기만의 방식으로 해소"하려는 경향을 뚜렷하게 보여주었다.

오현성, 이지연, 채준호(2018)는 사람중심 접근법에 기반한 잠재프로파일 분석을 통해 공공부문 민원응대 종사자의 감정노동 유형을 탐색하였다. 그동안 감정노동 연구는 변수중심 접근법을 취함으로써 다수 요인으로 이루어진 감정노동 연구에서 각 요인의 효과를 개별적으로만 탐색하여 요인들이 어떻게 서로 상이하게 결합하면서 다양하게 사용될 수 있는지 포착하지 못했다. 따라서 변수중심 접근법의 한계를 평가하고 사람중심 접근법에 기반한 감정노동 연구를 위해 잠재프로파일 분석을 통해 6개의 공공부문 감정노동 유형을 새롭게 도출하였다. 본 연구는 최초로 한국형 감정노동 평가도구(K-ELS)를 사용하여 개인적·내적 요인 및 조직적·외적 요인을 포함한 감정노동 프로파일 분석을 시도하였을 뿐만 아니라 공공부문 감정노동 프로파일 유형을 처음으로 분류하였다는 의의가 있다.

공공부문 민원응대 종사자의 587개 표본을 대상으로 분석한 결과, 프로파일1(평온한 감정노동자), 프로파일2(약한 감정노동자), 프로파일3(상황적 감정노동자), 프로파일4(개인적 감정노동자), 프로파일5(고지지-강한 감정노동자), 프로파인6(저지지-강한 감정노동자)의 6개 감정노동 유형으로 분류되었다. 그리고 감정노동자 유형 간 우울과 직무만족의 차이를 살펴보았다. 각 유형과 우울 간의 관계를 검증한 결과, 저지지-강한 감정노동자와 개인적 감정노동자의 우울 수준이 비슷한 정도로 가장 높고 고지지-강한 감정노동자, 평온한 감정노동자 등의 우울 수준이 낮아, 조직 지지·보호체계는 감정노동자의 우울 수준을 경감시켰다. 또한 6개 유형의 직무만족 차이는 평온한 감정노동자, 약한 감정노동자의 직무만족도가 가장 높았다. 따라서 전반적으로 감정노동 수행과 우울 수준 및 직무만족 간의 인과관계가 확인되었다.

2018년 10월 산업안전보건법 개정을 통하여 일명 '감정노동자 보호법'이 제정되어 실행되고 있다. 이 법은 고객 응대 과정에서 발생할 수 있는 폭언이나 폭행 등으로부터 감정노동자를 보호하기 위해 제정된 법안으로 근로자의 건강한 노동을 위해 사업주의 일정한 의무를 담고 있다. 그 내용으로는 고객이 노동자에게 폭언 등을 하지 않도록 요청하는 문구 게시 또는 음성을 안내하고, 고객과의 문제 상황 발생 시 대처법을 포함한 고객응대 업무 매뉴얼을 마련하며, 근로자가 피해를 입었을 경우 업무의 일시적 중단 또는 전환, 휴게 시간의 연장을 비롯한 적극적인 지원을 하는 것 등의 내용을 골자로 하고 있다. 그러나 이 법안은 서비스직 노동자들을 대상으로 하고 있어 사회복지사에게 적용되기 어려운 한계를 가지고 있다. 사회복지사가 타 직종에 비해 심각한 감정노동을 겪고 있다는 것이 통계적으로 밝혀진 것으로 미루어볼 때(한상근, 2013; 서울시복지재단 2016), 사회복지사의 감정노동에 대해서도 지속적인 정책적 관심을 갖도록 하여 사회복지사를 감정노동 근로자로서 인정하는 것이 필요하다.

서울특별시에서는 2018년 '서울시 감정노동 종사자 권리보호센터'를 개소하여 감정노동 종사자를 대상으로 다양한 프로그램을 실시하고 있다. 연구, 홍보, 상담, 교육 등 다양한 사업을 실시하고 있으며 특히 현장의 감정노동 종사자를 대상으로 심리/치유 프로그램을 제공하여 감정노동으로 인한 스트레스를 조절할 수 있는 역량을 강화하는 노력을 기울이고 있다. 이 센터를 이용할 수 있는 이용자는 서울특별시에 거주하면서 근무하고 있는 다양한 감정노동자를 대상으로 하고 있으며, 사회복지사

또한 그 범주에 포함되어 있다. 2019년 10월 1일 '경기도 감정노동자의 보호 및 건전한 노동문화 조성에 관한 조례'가 제정됨으로써, 감정노동자 보호 및 인권증진을 위한 기반을 마련하였다. 향후 경기도에서는 이 조례를 바탕으로 '경기도 감정노동 종사자 권리보호센터'를 설치하고 사회복지사의 감정노동 예방 및 치료를 위한 노력을 기울여야 할 것이다(이지희, 이은희, 2019).

송주호, 정기주, 박남구(2019)는 감정노동을 완화하기 위해 교육프로그램 개발을 위한 요구분석에 중점을 두었다. 요구분석을 통해 감정노동과 밀접한 관련이 있는 주요 변수들을 종합적으로 분석하여 감정노동 근로자들의 심리진단을 거쳐 맞춤형 심리 힐링 교육프로그램을 시범 운영함으로써 향후 적합한 교육프로그램 방향을 제시하였다.

강서영(2019)은 임상실습을 경험한 간호대학생을 대상으로 의사소통능력, 회복탄력성, 임상실습 교육환경, 감정노동의 정도를 파악하고 감정노동에 미치는 영향요인을 분석하였다. 의사소통능력은 3.77점, 회복탄력성은 3.62점, 임상실습 교육환경은 2.96점, 감정노동은 3.22점으로 확인되었다. 의사소통능력, 회복탄력성, 임상실습 교육환경, 감정노동은 모두 유의한 상관관계를 가지고 있었으며, 의사소통능력, 회복탄력성, 임상실습교육환경은 감정노동의 17.1%를 설명하였다.

도재수와 김경석(2019)은 Q방법론을 이용하여 분석한 결과 감정노동을 수행하는 유형으로 능동적 행동형, 수동적 행동형, 가치추구 행동형 3개의 유형이 발견되었으며, 각 유형별 특징과 공통점, 차이점 확인 및 유형별 감정노동을 수행하는 관점에 따라 고객에 대한 태도가 상이한 것을 발견할 수 있었다.

호텔과 항공사 서비스 접점 종사원을 대상으로 비교한 김진경과 왕수명(2019)에 의하면, 호텔과 항공사 서비스 접점 종사원의 감정노동은 다르게 행해지고 있으며 호텔 종사원이 내면행위를 더 많이 경험하는 반면 항공사 종사원은 표면행위를 더 많이 경험하는 것으로 나타났다. 호텔 및 항공사 종사원이 경험하는 감정노동의 표면행위는 감정소진에 유의한 정의 영향을 미치는데 반해 내면행위는 감정소진에 유의한 부의 영향을 미치는 것으로 분석되었고, 형성된 감정소진은 이직의도를 높이는 부정적 결과를 초래하는 것으로 나타났다. 또한 감정노동과 감정소진간의 영향 관계에 있어 호텔과 항공사 종사원에 따른 조절효과가 검증되었으며, 내면행위가 많이 행해질수록 호텔 종사원의 감정소진이 한층 더 완화되는 것으로 나타났다.

김동준, 강희석, 서예정(2019)은 여행사 종사원을 대상으로 감정노동의 해결을 위해 숲 치유프로그램이 어떤 긍정적인 영향을 미치는지를 질적 연구를 통하여 분석하였다. 숲 치유는 여행사 종사원의 심리적 치유에 긍정적 도움을 주는 것으로 적극 도입이 필요하다. 스트레스 지수의 하위요인으로 우울증, 분노, 신체적 건강이 많이 도출되고 있는데, 서비스 종사원에게 감정노동의 감소를 위해 숲 치유는 이러한 스트레스 지수에 큰 영향을 줄 수 있는 것으로 나타났다.

변성원, 하영옥(2019)에 의하면, 감정노동은 임상 경력, 근무부서, 급여에 따라서 차이가 나타났으며, 사후 검정 결과, 1년 미만의 대상자보다 1년 이상의 임상경력자가 감정노동이 높은 것으로 나타났다. 그러나 감정노동은 재직의도에 영향을 미치지 않았다.

이남연, 김준환, 문형진(2019)은 최근 10년 동안(2009-2018) 국내 학술지에 발표된 감정노동(emotional labor) 관련 892편의 논문을 텍스트 마이닝 및 네트워크 분석을 활용하여 연구동향을 파악하는 것이 목적이다. 이를 위해 이들 논문의 주제어를 수집 및 코딩하여 최종적으로 871개의 노드(node)와 2625개의 링크(link)로 변환시켜 네트워크 텍스트로 분석하였다. 첫째, 네트워크 텍스트 분석 결과로 동시출현빈도에 따른 상위 4개 주요 주제어는 번아웃, 이직의도, 직무스트레스, 직무만족 순으로 나타났으며, 연결중심성에 따른 상위 4개 주제어들의 빈도와 연결중심성 모두 비교적 높은 것으로 확인되었다. 둘째, 연결중심성 상위 4개의 주제어를 바탕으로 자아(ego)연결망 분석을 실시하여 각 네트워크의 연결중심도에 대한 주제어를 제시하였다.

김성연과 박종철(2019)에 의하면, 병원 서비스 종사자들의 감정노동은 긍정감정 표현규칙과 부정감정 억세규칙에 영향을 비쳤고, 긍정감정 표현규칙과 부정감정 억제규칙은 감정조절에 영향을 미쳤으며, 감정조절은 고객지향성과 직무열의에 영향을 미쳤다. 감정노동과 감정조전의 관계에서 부정감정 억제규칙이 완벽한 매개역할을 수행하였으나 긍정감정 표현규칙과 직무열의의 관계에서는 감정조절의 매개효과는 크지 않았다. 부정감정 억제규칙과 고객지향성 사이에서 감정조절은 매개역할을 수행하지 않았으며, 긍정감정 표현규칙과 고객지향성 사이의 관계에서도 매개역할을 수행하지 않았다.

아르바이트 대표포털 알바몬(2020)이 2020년에 알바생 2279명을 대상으로 '아르바이트 근무 중 갑질경험'을 주제로 설문조사를 실시한 결과 알바생들이 가장 많이 경험하는 갑질은 '감정노동'이었다. 복수응답으로 갑질 유형을 접수한 결과 무조건적인 친절과 참기를 강요받는 등의 감정노동이 50.1%로 가장 많았고, 불합리한 요구 및 부당한 지시가 49.9%로 근소한 차이로 1, 2위를 다퉜다. 이처럼 갑질을 경험해도 대다수의 알바생들은 적극적으로 대처하지 못하고 참는 것으로 조사됐다. 알바몬이 갑질에 대한 알바생들의 대처방식을 질문한 결과 '일단은 내가 참는다'는 응답이 56.0%로 1위에 꼽혔고 '주위 지인들과 심경을 나누고 털어버린다(13.4%)'가 그 뒤를 이었다. '사측이나 상사 등에 알려 도움을 요청(9.4%)'하거나 직접 '해당 상대방에 항의, 시정을 요구(7.5%)', '그만둘 각오로 싸운다(7.2%)' 등 적극적인 대처를 응답한 비중은 30%에도 채 미치지 못했다. 한편 만약 알바 중 갑질을 당했다고 가정했을 때 공식적으로 고충처리를 해주는 부서, 인물이 있냐는 질문에는 16.9%만이 '있다'고 답했다. 44.4%는 '사측에는 없지만 동료나, 선임 등 믿고 의지할 사람이 있다'고 답했으며, 38.6%는 이마저도 '없다'고 답했다.

한국 아이돌은 과도한 감정노동과 엄격한 규율에 시달린다. 아이돌의 기본으로 통하는 3가지는 "아이돌은 늘 웃는 리액션을 해야 한다.", "상대의 요구에 친절히 응해야 한다.", "끊임없는 장기를 보여줘야 한다." 등이다. 본업인 가무뿐 아니라 '타인에게 책잡히지 않도록' '기분 상하게 하지 않도록' 신경써야 한다. 모르는 관계자에게 일단 90도 인사를 했던 것처럼. 그런데 이 전문 공연예술 노동자들이 거치는 많은 훈련 중, 그들 자신을 지키는 방법은 없는 듯하다. 이때 자신을 지킨다는 말에는 타인을 공격하지 않도록 자신을 잘 돌본다는 의미도 포함된다(경향신문, 2020년 7월 10일).

김민과 탁진국(2020)은 구급대원의 감정노동의 어려움을 현상학적 연구를 통하여 밝혔다. 의미단위 과정을 거쳐 면담자료를 범주화한 결과 28개 중심의미, 하위주제 11개, 주제 5개가 도출되었다. 구급대원이 경험하는 감정노동의 주제는 마음의 상처가 반복되는 현상, 마음 둘 곳 없는 환경, 유연함을 잃어가는 마음, 긴장되는 관계, 직무회의감 등으로 나타났다. 구급대원들이 감정노동의 원인으로 선택한 것은 존재가치를 떨어뜨리는 말, 외상으로 이어지는 무차별적인 행동, 지지가 부족한 조직, 효용성이 낮은 시스템, 공권력 없는 의무와 책임 등 이었다. 이렇게 발생한 감정노동은 심리적 각성상태, 부정적인 성격, 단절된 인간관계, 가족관계 위축, 사라진 열정 등으로 이어진다.

3. 울산 감정노동자들의 감정노동 실태 연구

감정노동자들의 감정노동 실태를 분석하기 위하여 2019년 9월 5일부터 10월 30일까지 울산에 거주하는 감정노동자 237명을 대상으로 질문지조사를 통해 자료를 수집하였다. 조사대상자들의 일반적 특징은 아래 표와 같다.

<표1-1> 조사대상자들의 일반적 특성(n=237)

변수		빈도(%)	변수		빈도(%)
성별	남자	91(38.4%)	결혼지위	미혼	155(65.4%)
	여자	146(61.6%)		기혼	82(34.6%)
연령	20대	132(55.6%)	교육수준	고졸	134(56.5%)
	30대	39(16.4%)		전문대졸	28(11.8%)
	40대	34(14.3%)		대졸이상	75(31.6%)
	50대 이상	32(13.5%)			
근무경력	1년 미만	43(18.1%)	1일 응대시간	6시간 이하	60(25.3%)
	1~3년 미만	71(29.9%)		6~8시간 이하	120(50.6%)
	3~8년 미만	59(24.8%)		8시간 초과	57(24.1%)
	8년 이상	64(27.0%)			
직종	판매직	125(52.7%)	월평균 총 수입	100만원 미만	70(29.5%)
	경비	6(2.5%)		100-200만원 미만	67(28.3%)
	콜센터 근무	5(2.1%)		200-300만원 미만	48(20.3%)
	간호사	9(3.8%)		300-400만원 미만	34(14.3%)
	청소	6(2.5%)		400만원 이상	17(7.2%)
	고객상담	19(8.0%)			
	간병요양	4(1.7%)			
	기타	63(26.6%)			

<표1-1>은 조사대상자들의 일반적 특징을 제시하고 있다. 성별의 경우 남자(38.4%)보다 여자(61.6%)가 다소 많이 표집되었

다. 연령에 있어서는 20대가 55.6%로 가장 많았고, 다음이 30대, 40대, 50대 이상의 순으로 조사되었다. 조사대상자들의 결혼지위의 경우, 기혼집단에 비해 미혼집단이 65.4%로 많이 표집되었다. 교육수준에 있어서는 고졸집단이 56.5%로 가장 많았고, 대졸이상은 31.6%로 조사되었다. 월평균 총수입을 조사한 결과, 100만원 미만이 29.5%로 가장 많았고 다음이 100~200만원 미만(28.3%), 200~300만원 미만(20.3%)로 나타나서 총수입이 상대적으로 낮은 것을 알 수 있었다.

조사대상자들의 근무경력에 있어서는 1~3년 미만이 29.9%로 가장 많았고, 다음이 8년 이상(27%), 3~8년 미만(24.8%)이었고, 1년 미만은 18.1%로 가장 적었다. 1일 응대시간을 조사한 결과, 조사대상자의 절반은 6~8시간 근무하는 것으로 나타났고, 8시간 초과하여 근무하는 사람도 24.1%로 조사되었다. 조사대상자들의 직종을 살펴보면, 판매직이 52.7%로 가장 많았고 다음이 기타(26.6%), 고객상담(8.0%)이었고, 이외에 간호사, 경비, 콜센터 근무, 청소, 간병요양 등이 포함되었다.

2장 | 감정노동과 스트레스

감정노동자들은 조직이 원하는 감정표현을 해야 한다는 압박에 시달린다. 언어폭력, 모욕, 성희롱 상황이 닥쳐도 고객 중심의 감정규칙을 지켜야만 하는 현실에서 감정노동자가 겪는 스트레스는 매우 심각하다. 고객과의 갈등으로 인한 스트레스 정도는 대하기 힘든 고객, 거래처 직원 등과 소통하는 과정에서 높아진다. 고객 응대 수준을 회사가 감시 및 모니터링 하는데 따른 스트레스도 감정노동자들에게는 큰 부담이 된다. 24개 문항으로 구성된 한국산업안전보건공단의 '한국형 감정노동 평가' 테스트를 통해 자신의 감정노동 스트레스 정도와 종류를 직접 확인할 수 있다.

직무스트레스는 원인으로서의 스트레스, 반응으로서의 스트레스, 중재요인으로서의 스트레스로 구분된다. 직무스트레스를 효율적으로 관리하기 위해서는 스트레스의 세 측면을 모두 평가해야 하기 때문이다. <그림 2-1>에는 직무스트레스의 세 측면이 제시되어 있다(산업안전보건교육원, 2018).

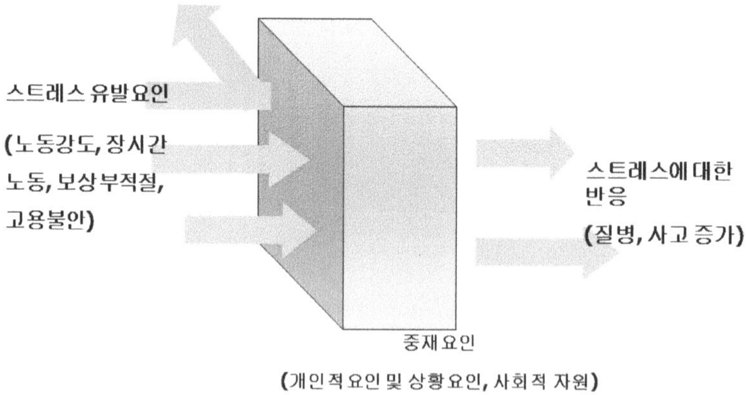

출처: 산업안전보건교육원(2018)

<그림 2-1> 직무스트레스의 세 측면

1. 관련 연구의 고찰

성영태(2013)는 경찰관의 감정노동이 커뮤니케이션과 스트레스에 미치는 영향을 분석하고, 감정노동이 커뮤니케이션을 매개효과로 스트레스에 미치는 영향을 분석하였다. 감정노동과 스트레스의 관계에서는 감정노동이 높을수록 스트레스에 정의 영향을 미치고, 감정노동과 커뮤니케이션의 관계에서도 감정노동이 높을수록 커뮤니케이션 만족과 불안에 정의 영향을 미쳤다. 커뮤니케이션과 스트레스의 관계에서는 커뮤니케이션 만족과 불안이 스트레스에 유의한 영향을 미치고, 감정노동이 스트레스에 미치는 영향에 있어서 커뮤니케이션이 매개효과를 갖는 것으로 나타났다.

김자숙, 정선영, 김수현, 김자옥(2014)에 의하면, 감정노동이 소진에 미치는 영향은 감정표현 규범의 주의성과 감정의 부조화는 정서적 고갈에 유의한 정의 영향, 감정표현 규범의 주의성은 자아성취감 저하에 유의한 정의 영향, 감정의 부조화는 탈 인격화에 유의한 정의 영향을 미치는 것으로 확인되었다. 감정노동과 소진과의 관계에서 자기효능감의 조절효과는 감정노동의 하위요인인 감정의 부조화가 소진의 하위요인인 정서적 고갈에 영향을 미치는데 자기효능감은 부의 방향으로 조절적인 역할을 했다.

김주연(2014)에 의하면, 피부미용사는 중간이상의 직무스트레스와 감정노동을 경험하고 있었으며, 감정노동은 직무스트레스보다 더 높은 강도로 수행되고 있었다. 피부미용사는 직급과 1일 근무시간의 증가에 상관없이 중간이상의 감정노동을 겪고 있었다. 병원 내 피부미용실에서 근무하는 피부미용사는 일반 피부미용실과 호텔 또는 스파 내 피부미용실에서 근무하는 피부미용사보다 직무스트레스를 더 많이 경험하고 있었다. 피부미용사의 직무스트레스 중 직무자율성 결여와 직무불안정요인이 감정노동에 정의 영향을 미쳤다.

노진회와 나연경(2015)에 의하면, 간호사의 폭력경험, 감정노동 및 직무 스트레스는 우울과 통계적으로 유의한 정적 상관관계가 있는 것으로 나타났으며, 감정노동은 우울에 유의하게 영향을 미치는 요인으로 확인되었다.

오희균(2015)의 연구는 호텔 직원의 감정노동이 육체적 · 정신적 스트레스 및 역할 외 행동과 어떠한 인과구조를 형성하는지 실증 분석함으로써, 인사관리 측면의 실무적 정보를 제공하고 육체적 스트레스에 관한 연구의 부재를 해소하는 것에 주목적을 두고 있다. 감정노동의 표면적 행위는 육체적 · 정신적 스트레스에 정의 영향을 미쳤으며, 내면적 행위는 정신적 스트레스에만 부의 효과를 보일 뿐, 육체적 스트레스에는 유의하지 않았다. 내면적 행위는 역할 외 행동에 정의 영향력을 보인 반면, 표면적 행위의 효과는 유의미하지 않았다. 정신적 스트레스는 역할 외 행동에 부의 영향을 미치는 것으로 확인되었으며, 육체적 스트레스 또한 역할 외 행동에 유의한 효과를 나타냈다. 하지만 육체적 스트레스는 예상된 부의 이론적 부호와는 달리 정의 영향을 도출하였는데, 결론에서는 이러한 결과를 자기 보상 심리에 기초하여 논의하였다.

조은영과 이지연(2015)은 초등교사를 대상으로 감정노동의 하위변인인 표면적 행동, 내면적 행동, 소명의식, 일의 의미가 직무스트레스에 미치는 영향을 살펴보고, 감정노동이 직무스트레스에 미치는 영향력이 개인차 변인인 소명의식과 일의 의미의 수준에 따라 차이가 있는지를 검증하였다. 감정노동 중 표면적 행동, 내면적 행동이 직무스트레스에 영향을 미치는 과정에서 소명의식과 일의 의미의 조절효과를 검증하기 위해 위계적 중다회귀분석을 실시한 결과, 초등교사가 감정노동 중 표면적 행동을 많이 하면 더 높은 직무스트레스를 경험하지만(주효과), 소명의식과 일의 의미가 표면적 행동이 직무스트레스에 미치는 영향을 완충해주기 때문에(조절효과), 소명의식과 일의 의미 성향이 표면적 행동이 직무스트레스에 미치는 부정적 영향을 완충해주는 효율적인 조절효과라는 가설이 검증되었다.

골프장 종사자를 조사한 김명식, 임근욱, 임근성(2018)의 연구에 의하면, 감정노동의 표면행위는 정적으로, 내면행위는 부적으로 직무스트레스에 영향을 미쳤다. 감정노동의 표면행위는 정적으로, 내면행위는 부적으로 직무소진에 영향을 미쳤다. 감정노동, 직무스트레스 및 직무소진은 이직의도에 영향을 미쳤다.

김수지, 오영아, 이명선(2015)은 서울에 있는 콜센터, 백화점, 호텔, 병원에서 일하는 감정노동 여성근로자의 직종별 감정노동, 직무특성, 직무스트레스 수준을 파악하였고, 변수간의 상관관계분석과 다중회귀분석을 통해 직무스트레스 수준에 미치는 요인을 분석하였다. 분석결과, 각 직종 간 주요변수는 유의미한 차이가 존재하였고, 직무특성의 업무량, 직무재량권, 직무책임감과 감정노동의 표면행위, 내면화 행위는 직무스트레스 수준에 영향을 주는 것으로 나타났다.

정명선(2015)에 의하면, 보육교사의 직무스트레스는 감정노동과 조직몰입 간의 관계에서 부분 매개효과를 가지는 것으로 나타났다. 자율성은 감정노동이 직무스트레스에 미치는 부정적 영향을 완충하는 조절효과를 가지는 것으로 나타났나. 반면 직무스트레스가 자율성과 상호작용하여 조직몰입에 미치는 영향은 유의하지 않았다. 감정노동이 조직몰입에 미치는 영향에 대한 직무스트레스의 매개효과가 감정노동과 자율성의 상호작용에 의해 조절되었다.

정경진과 윤혜미(2016)의 연구에 의하면, 보육교사 이직의도에 대한 총 효과의 크기는 직무스트레스가 가장 높았고, 다음이 감정노동인데, 특히 감정노동의 구성요소 중 긍정적 감정표출을 많이 할수록 심리적 안녕감이 높고, 이직 의도가 낮은 것으로 나타났다. 보육교사의 심리적 안녕감은 직무스트레스와 감정노동의 이직의도에 관한 영향력에서 유의한 부분매개효과를 보여주었다. 이 같은 결과는 보육교사의 이직을 예방하기 위해서는 직무스트레스와 감정노동에 대한 차별화된 관심과 함께 교사의 심리적 안녕감 향상을 위한 다각적 접근이 필요함을 말해준다.

소비자상담사를 대상으로 한 권용덕, 정기주, 허경옥(2016)의 연구에 의하면, 대졸자, 근무년수가 20년이 넘는 경우 상담사의 직무관련 스트레스가 높은 것으로 나타났다. 대졸이며 근무년수가 20년 이상일 경우 고객지향성이 높게 나타났으며, 남성, 기혼, 대졸, 이공계출신, 자격증보유자, 연령이 높은 40대 이상일수록, 월평균소득이 높을수록, 근무년수가 20년 이상인 경우, 직위가 높을수록 직무자율성도 높았다. 미혼, 20대의 경우 감정노동 수준이 높았고, 기혼, 근무년수 20년 초과, 직위가 높을수록 직무만족도가 높았으며, 연령이 낮을수록, 근무년수가 길수록, 우울하고 신경질적 성향일수록 고객지향성이 높았다. 상담사가 우울한 성격이며 고객지향적으로 업무를 수행할 경우 감정노동 수준이 높았고, 감정노동 수준이 낮을수록 소비자상담사의 직무만족도가 높았다. 소비자상담사의 사교적이고 활동적인 성향, 업무자율성은 상담사의 직무만족도에 직접적인 정적 영향을 미쳤다.

윤순철, 권수혜, 강효정(2016)은 요양병원 요양보호사의 감정노동, 직무스트레스, 소진과 이직의도의 정도와 그 관계를 파악하여 이직의도에 미치는 영향을 조사하였다. 요양보호사의 이직의도는 감정노동, 직무스트레스, 소진과 통계적으로 유의한 양의 상관관계를 보였으며, 단계적 회귀분석 결과, 이직의도에 영향을 미치는 요인은 직무스트레스, 소진, 취업형태, 감정노동으로 확인되었고, 이 변수들은 요양병원 요양보호사의 이직의도를 총 32.6% 설명하는 것으로 나타났다.

이항아와 윤미숙(2016)에 의하면, 정신보건 사회복지사의 감정노동, 우울, 직무스트레스 수준은 타 보건복지직 종사자들에 비해서 상대적으로 높은 것으로 나타났다. 정신보건 사회복지사의 감정노동수준이 높아질수록 우울과 직무스트레스가 증가하는 것으로 나타났다. 정신보건 사회복지사의 감정노동과 우울, 직무스트레스 간의 관계에서 사회적 지지 중 직장동료의 지지가 조절효과를 가지는 것으로 나타났다.

곽묘묘, 오현성, 이강수(2017)에 의하면, 감정노동의 하위요인인 심층행위를 수행할수록 직무스트레스가 낮아지고, 직무만족이 높아지며, 또한 심층행위와 직무스트레스의 관계에서 조직 동일시는 부의 조절효과가 있을 뿐만 아니라 심층행위와 직무만족의 관계에서 조직 동일시에 의한 직무스트레스의 조절된 매개효과가 있는 것으로 나타났다. 반면, 표면행위를 수행할수록 직무스트레스가 높아지고 직무만족이 낮아지며, 표면행위와 직무스트레스의 관계에서 조직 동일시는 정의 조절효과가 있으면서 표면행위와 직무만족의 관계에서 조직 동일시에 의한 직무스트레스의 조절된 매개효과가 있는 것으로 확인되었다.

유경숙(2017)은 보육교사에게서 어떠한 감정노동이 일어나고 있는지 그 유형을 파악하고, 감정노동의 유형이 직무스트레스와 직무만족에 어떠한 영향을 미치는지를 분석하였다. 연구결과, 보육교사들은 감정노동유형 중 내면적 행동이 가장 많이 나타났으며, 표면적 행동이 가장 낮게 나타났다. 또한, 보육교사들은 직무스트레스가 그다지 높지 않았으며, 평균이상의 직무만족을 보이는 것으로 나타났다. 보육교사의 감정노동행동 중 표면적 행동은 직무스트레스와 유의미한 정적 상관을 보였으며, 내면적 행동은 부적 상관을 보였다. 또한 직무만족과의 상관관계에서 표면적 행동은 인간관계와 업무위임에서 부적 상관을 내면적 행동은 직무자체만족에서 정적 상관이 나타났다. 감정노동유형 중 표면적 행동은 직무스트레스에 정적 영향을 미치며, 내면적 행동은 직무만족에 정적 영향을 미쳤다.

조미나와 차재빈(2018)은 프랜차이즈 외식업계 종사자의 감정노동이 역할스트레스, 직무소진, 이직의도에 미치는 영향을 파악하고자 하였다. 감정노동 중 표면행위와 내면행위는 역할스트레스 중 역할갈등, 역할모호성, 역할과부하에 유의한 영향을 미쳤다. 역할스트레스는 직무소진에 유의한 영향을 미쳤다. 역할갈등은 정서적 고갈, 역할모호성은 정서적 고갈, 비인격화, 개인성취감저하, 역할과부하는 비인격화, 개인성취감 저하에 유의한 영향을 미쳤다. 직무소진 중 정서적 고갈이 이직의도에 유의한 영향을 미치는 것으로 나타났다.

김민정과 신동주(2018)는 카지노 종사자들을 대상으로 감정노동과 직무스트레스, 감정소진, 이직의도와의 구조적 관계를 규명하였다. 표면행위는 직무스트레스와 감정소진에 정의 영향을 미쳤으나, 내면행위는 직무스트레스와 감정소진에 영향을 미치지 않았다. 직무스트레스는 감정소진에 정의 영향을 미쳤으며, 직무스트레스는 이직의도에 정의 영향을 미쳤다. 감정소진은 이직의도에 정의 영향을 미쳤다.

류상일과 권승(2018)에 의하면, 감정노동의 주의 정도와 감정부조화 등 두 요인은 직무스트레스에 정의 영향을 미치는 것으로 나타나, 감정노동에 주의를 기울이고, 감정 왜곡 등 감정 부조화가 커질수록 직무스트레스는 높아지는 것으로 확인되었다. 하지만 감정노동의 빈도는 직무스트레스에 부의 영향을 미치는 것으로 나타났다.

박은정, 김성민, 최인령(2018)은 종합병원에 근무하는 병원 간호사들의 감정노동과 직무스트레스가 신체화 증상 및 간호업무 성과에 미치는 영향을 분석했다. 감정노동과 직무스트레스가 신체화 증상에 미치는 요인은 주관적인 건강상태가 좋지 않을수록, 직무스트레스가 많을수록, 수면시간이 적을수록 신체화 증상에 영향을 미치는 것으로 나타났다. 또한 감정노동과 직무스트레스가 간호업무성과에 미치는 요인은 임상경력이 길수록, 직무스트레스가 낮을수록 간호업무성과가 높아지는 것으로 나타났다.

김지태와 심영균(2018)에 의하면, 장애인태권도 지도자의 역할스트레스 하위요인인 역할과부하는 감정노동의 하위요인인 내면적 행동과 표면적 행동에 유의한 영향을 미치는 것으로 나타났다. 역할스트레스의 하위요인인 역할과부하는 번아웃 증후군의 하위요인인 심신고갈에 영향을 미쳤고, 역할스트레스의 하위요인인 역할모호성은 번아웃 증후군의 하위요인인 직업효능감 감소와 냉소주의에 유의한 영향을 미쳤다.

김형룡(2018)에 의하면, 스포츠지도자의 감정노동은 조직유효성에 긍정적으로 영향을 미쳤고, 직무스트레스와 직무소진에 부정적인 영향을 미쳤다. 직무스트레스와 직무소진은 조직유효성에 부정적인 영향을 미쳤고, 직무스트레스는 직무소진에 긍정적인 영향을 미쳤다.

2. 울산 감정노동자의 감정노동 스트레스 실태

<표 2-1> 감정노동 스트레스에 대한 일반적 수준

문 항	M(SD)
1. 고객에게 실제 감정과는 다른 감정을 표현한 경우가 종종 있다.	4.61(1.51)
2. 고객에게 과장하여 감정을 표현하는 경우가 있다.	4.33(1.55)
3. 회사에서 요구하는 긍정적인 감정을 실제로 가지고 있는 것처럼 행동하는 경우가 있다.	4.57(1.39)
4. 고객에게 내가 기분이 좋은 것처럼 느끼도록 행동한 경우가 있다.	4.82(1.29)
5. 고객에게 나의 감정을 표현할 때 실제로 다른 감정을 표현하는 경우가 있다.	4.69(1.35)
6. 고객에게 거짓 감정을 표현하기도 한다.	4.87(1.39)
7. 나의 감정표현은 직무의 일부다.	4.98(1.30)
8. 서비스 업무에 적합한 감정표현을 하는 편이다.	5.20(1.22)
9. 최상의 서비스를 위해 진심어린 감정을 표현하기 위해 노력한다.	4.86(1.26)
10. 고객에게 표현하도록 요구하는 감정들과 일치하는 방향으로 나의 실제 느낌을 바꾸려고 노력한다.	4.73(1.21)
11. 업무 전에 안 좋은 기분을 좋은 상태로 전환하기 위해 노력한다.	4.73(1.28)
12. 진심으로 고객을 돕고자 한다는 감정 표출을 위해 업무 전에 노력한다.	4.55(1.32)
13. 고객에게 표현해야 하는 긍정적 감정을 내 안에서 실제로 만들어 내려고 노력한다.	4.52(1.29)
7점 환산평균	4.73(0.85)

<표 2-1>은 감정노동 스트레스에 대한 각 문항의 평균을 제시하고 있다. 각 문항은 7점 리커트 척도로 측정되었고, 7점에 가까울수록 감정노동 스트레스가 크다는 것을 의미한다. 전체 13문항 중 '서비스 업무에 적합한 감정표현을 하는 편이다'의 문항 평균이 5.20점으로 가장 높게 나타났고, 다음이 '나의 감정표현은 직무의 일부이다'의 평균이 4.98점이있다. 이를 통해 볼 때 감정노동자들이 서비스 업무와 관련된 감정표현을 하는데 약간

의 스트레스를 받고 있는 것으로 나타났다. 그 외 대다수 문항들의 평균은 4점대로 나타나서 스트레스 수준이 대략 보통수준임을 나타낸다.

<표2-2> 감정노동 스트레스에 대한 요인분석

측정문항	요인1 의무적 감정표현	요인2 진심어린 감정표현
5. 고객에게 나의 감정을 표현할 때 실제로 다른 감정을 표현하는 경우가 있다.	.838	
3. 회사에서 요구하는 긍정적인 감정을 실제로 가지고 있는 것처럼 행동하는 경우가 있다.	.836	
6. 고객에게 거짓 감정을 표현하기도 한다.	.796	
2. 고객에게 과장하여 감정을 표현하는 경우가 있다.	.791	
1. 고객에게 실제 감정과는 다른 감정을 표현한 경우가 종종 있다.	.775	
4. 고객에게 내가 기분이 좋은 것처럼 느끼도록 행동한 경우가 있다.	.734	
7. 나의 감정표현은 직무의 일부다.	.701	
8. 서비스 업무에 적합한 감정표현을 하는 편이다.	.568	
12. 진심으로 고객을 돕고자 한다는 감정 표출을 위해 업무 전에 노력한다.		.826
13. 고객에게 표현해야 하는 긍정적 감정을 내 안에서 실제로 만들어 내려고 노력한다.		.823
11. 업무 전에 안 좋은 기분을 좋은 상태로 전환하기 위해 노력한다.		.809
10. 고객에게 표현하도록 요구하는 감정들과 일치하는 방향으로 나의 실제 느낌을 바꾸려고 노력한다.		.779
9. 최상의 서비스를 위해 진심어린 감정을 표현하기 위해 노력한다.		.724
Eigen-Value	5.367	2.777
설명분산(%)	41.284	21.309
누적분산(%)	41.284	62.593
Cronbach's Alpha	.901	.862

<표2-2>는 감정노동 스트레스에 대한 요인분석 결과를 제시하고 있다. 하위영역을 추출하기 위해 주성분분석을 통해 eigen value 1이상인 요인을 추출하였고 varimax 회전을 사용한 결과 최종 2개의 요인이 추출되었다. 두 요인은 의무적 감정표현과 진심어린 감정표현으로 명명되었고, 이들 요인의 신뢰도는 Cronbach's α 값이 .862와 .901로 나타나 신뢰할 만한 수준이었다. 의무적 감정표현은 8문항으로 구성되며, 7점 환산한 평균은 4.76점으로 중간수준으로 나타났다. 진심어린 감정표현은 5문항으로 구성되며, 7점 환산 평균점이 4.68점으로 중간수준으로 분석되었다.

<표 2-3>은 인구사회학적 변수에 따른 감정노동 스트레스의 두 요인의 차이를 분석한 결과이다. 먼저 의무적 감정표현의 경우 인구사회학적 변수에 따른 차이는 모두 유의하지 않았다. 진심어린 감정표현의 경우 결혼지위, 연령, 근무경력, 월평균 총수입에 따라 유의한 차이를 보였다. 결혼지위에 있어서는 미혼집단에 비해 기혼집단이 진심어린 감정표현 점수가 유의하게 높게 나타났다. 또한 연령의 경우 연령대가 높을수록 진심어린 감정표현 점수가 높았는데, 특히 20대에 비해 50대 이상인 경우 진심어린 감정표현 점수가 유의하게 높은 것으로 나타났다. 근무경력에 있어서는 근무경력이 길수록 진심어린 감정표현점수가 높았다. 특별히 근무경력이 1년 미만과 1~3년 미만의 집단이 8년 이상 집단에 비해 진심어린 감정표현 점수가 유의하게 낮았다. 이러한 결과는 노동자들의 연령이 높을수록, 그리고 근무경력이 길수록 고객에 대해 진심어린 감정표현을 더 잘하는 것을 암시한다고 해석된다. 마지막으로 월평균 총수입에 따라서도 진심어린 감정표현 점수가 차이가 났다. 전반적으로 월평균 총수입이 높을수록 진심어린 감정표현 점수가 높았지만, 각 집단간

차이는 통계적으로 유의하지 않았다.

<표 2-3> 인구사회학적 변수에 따른 감정노동 스트레스

		의무적 감정표현	진심어린 감정표현	
성별	남성	37.45	23.56	
	여성	38.47	23.29	
	t값	-0.896	0.398	
결혼지위	미혼	38.62	22.43	
	기혼	37.05	25.21	
	t값	1.359	-4.104***	
연령	20대	38.73	22.45	a
	30대	38.13	23.59	ab
	40대	36.65	24.82	ab
	50대 이상	36.84	25.47	b
	F값	0.806	4.359**	
교육수준	고졸	37.89	22.95	
	전문대졸	37.18	25.43	
	대졸이상	38.75	23.43	
	F값	0.422	2.767	
근무경력	1년 미만	36.49	21.95	a
	1~3년 미만	38.96	22.08	a
	3~8년 미만	39.73	23.66	ab
	8년 이상	36.64	25.56	b
	F값	2.149	7.084***	
1일 응대시간	6시간 이하	37.15	23.33	
	6~8시간 이하	38.83	23.69	
	8시간 초과	37.47	22.82	
	F값	0.970	0.559	
직종	판매직	38.45	23.64	
	고객상담	38.53	23.32	
	기타	37.48	23.08	
	F값	0.372	0.325	
월평균 총수입	100만원 이하	38.36	22.29	
	100~200만원 미만	38.89	22.82	
	200~300만원 미만	37.22	24.04	
	300만원 초과	38.00	24.83	
	F값	0.638	2.748*	

*p<0.05 **p<0.01 ***p<0.001

3장 | 감정노동자의 스트레스 대처방식

감정노동자가 스트레스를 받으면 이를 대처할 수 있는 방식이 절실하다. 긍정적이고 효율적인 스트레스 대처방식으로는 직면적 대응, 거리두기, 자기 통제, 사회적 지지 구하기, 책임의 수용, 회피행동, 계획적인 문제의 해결, 긍정적 재평가 등이 있다.

청소년 노동조합인 청소년유니온은 2019년에 감정노동을 경험한 만 15~18세 청소년 노동자 252명을 상대로 실시한 설문조사 결과를 보면, 응답자의 61.9%는 일터에서 고객 · 상사 · 동료로부터 웃음, 친절 등의 감정노동을 '매우 많이' 또는 '많이' 요구받는다고 답했다. 응답자 중 58.3%는 감정노동을 못 한다는 이유로 주의(혼남) 조치를 받은 적이 있고, 6.8%는 폭언이나 임금삭감, 해고 등을 경험한 것으로 나타났다. 감당하기 어려운 감정노동 상황에 어떻게 대처했는지 묻는 주관식 질문에는 대체로 '참는 것 외에 방법이 없었다'고 답했다. 52.8%는 감정노동으로 인한 스트레스가 일상생활에 지장을 줄 정도라고 느끼는 것으로 나타났다(연합뉴스, 2019년 12월 26일).

1. 관련 연구의 고찰

지명원과 이주연(2012)은 정서노동자의 자아탄력성, 스트레스 대처방식이 직무스트레스에 미치는 영향을 살펴보기 위하여, 연구대상인 정서노동자를 보육교사로 한정하여 연구를 실시하였다. 첫째, 정서노동자의 자아탄력성이 직무스트레스에 미치는 영향을 살펴본 결과 원아들과의 활동요인, 업무관련 요인, 행정적 지원 요인, 대인관련 요인, 경제적 안정 요인, 개인관련 요인에서 영향을 미치는 요인으로 나타났다. 정서노동자의 자아탄력성을 높을수록 원아들과의 활동요인 스트레스, 업무관련 스트레스, 행정적 지원 스트레스, 대인관련 스트레스, 경제적 안정 스트레스, 개인관련 스트레스는 낮게 지각하고 있음을 알 수 있다. 둘째, 정서노동자의 스트레스 대처방식이 직무스트레스에 미치는 영향을 살펴본 결과 원아들과의 활동요인, 업무관련 요인, 행정적 지원 요인, 대인관련 요인, 경제적 안정 요인, 개인관련 요인에서 스트레스 대처방식인 적극적 대처, 소극적 대처가 영향을 미치는 요인으로 나타났다. 정서노동자의 스트레스 대처방식 가운데 적극적 대처방식, 소극적 대처의 스트레스 대처방식 수준이 높을수록 직무스트레스를 낮게 지각하는 것으로 나타났다.

박미미와 한숙정(2013)은 가정전문간호사의 감정노동, 직무스트레스, 개인적 자원 및 직무만족도 정도와 이들의 관계를 파악하고 직무만족도에 미치는 영향요인을 규명하였다. 감정노동 정도는 7점 만점에 평균 4.23점이었고, 직무 스트레스는 5점 만점에 3.39점, 직무 스트레스 대처방식을 측정하기 위한 개인적 자원은 5점 만점에 평균 3.38점, 직무 스트레스 대처방식을 측정하기 위한 개인적 자원은 5점 만점에 평균 3.38점, 직무만족도는 5점 만점에 3.31점 이었다. 감정노동이 높을수록 직무 스트레스도 높은 것으로 나타났고, 개인적 자원이 높을수록 감정노동은 낮은 것으로 나타났다. 감정노동 정도가 낮을수록 또한 개인적 자원이 높을수록 직무만족도도 높은 것으로 나타났다.

심철현과 김윤식(2013)은 호텔직원들이 수행하는 감정노동이 이직의도에 미치는 영향을 검증하고 감정노동과 이직의도 간의 관계에서 대처전략의 조절효과를 검증하고 감정노동의 스트레스 해결에 도움을 주어 이직의도를 감소시킬 수 있는 적절한 대처전략을 밝혀 호텔기업의 인사 및 교육 담당자들에게 이에 따른 시사점을 제시하고자 연구하였다. 표면행위 감정노동을 수행하는 직원들의 이직의도가 높은 것으로 나타났다. 그리고 대처전략의 조절효과를 살펴본 결과, 문제중심 대처 전략은 표면행위 감정노동을 하는 직원들의 이직의도를 감소시키는 것으로 나타났으나 감정중심 대처전략은 표면행위 감정노동을 하는 직원들의 이직의도를 높이는 것으로 밝혀졌다. 이는 호텔기업의 인사 및 교육담당자들은 직원들이 감정노동으로 인한 스트레스와 대처전략 등의 모니터링을 통하여 감정노동으로 인하여 야기되는 문제 및 갈등을 대처 가능하다고 판단하여 문제해결을 위해 도전 및 노력 할 수 있는 인사정책 및 교육 등을 통하여 직원들의 이직의도를 감소시킬 수 있다는 것을 보여준다.

복미정(2016)에 의하면, 고객과의 1일 전화응대 시간이 길수록, 월평균 가계소득이 많을수록, 감정노동의 내면화 행동이 높을수록 문제 중심적 스트레스 대처방식이 높았고, 내면화 행동이 높을수록, 사회적 지지를 호소하는 스트레스 대처방식이 높았다. 주로 걸려오는 고객의 전화를 받는 인바운드 업무에 종사할수록, 감정노동의 표면화 행동이 높을수록, 정서 중심적 대처방식이 높았고, 여성보다는 남성 상담사일수록 소망적 사고가 높았다.

심윤정과 오홍철(2017)은 부산지역 특급 호텔 종사원들의 감정노동이 직무스트레스에 미치는 영향에서 DISC 행동유형에 따른 조절효과를 분석하였다. 호텔 종사원들의 감정노동이 직무스트레스에 미치는 영향에 대한 다중회귀분석 결과 내면행위 감정노동은 직무스트레스를 경감시키고 표면행위 감정노동은 직무스트레스를 상승시키는 것으로 나타났다. DISC 행동유형 집단별로 감정노동이 직무스트레스에 미치는 영향관계를 분석한 결과 사교형 집단, 안정형 집단, 신중형 집단에서 내면행위 감정노동이 직무스트레스를 감소시켜주는 것으로 나타났다. DISC 행동유형 집단별로 감정노동이 직무스트레스와 관련된 가설에 부분적으로 조절효과가 있는 것으로 나타나, 각 유형별로 적절한 프로그램을 만들어 스스로 스트레스를 관리 할 수 있도록 독려하고 우수사원 이탈을 방지하기 위해 기업이 관리할 수 있는 방향을 제시하였다.

염은이(2017b)는 간호대학생의 의사소통능력, 간호전문직관, 감정노동이 임상실습 스트레스에 미치는 영향을 파악하였다. 충청도, 경상도 소재의 대학 3곳에 재학 중인 3, 4학년 간호대학생 198명을 대상으로 자기보고식 설문조사로 진행되었다. 연구결과, 감정노동이 가장 큰 영향력을 나타내는 변수였으며, 간호전문직관, 의사소통능력 순으로 임상실습 스트레스에 영향을 주는 것으로 나타났고, 이들 전체 변수는 임상실습 스트레스에 대해 약 25.4%의 설명력을 나타냈다.

송은정(2017)은 영아보육교사의 배경변수에 따라 감정노동 및 직무스트레스와 스트레스 대처방안의 차이를 살펴보고, 감정노동 및 직무스트레스와 효과적인 대처방안 간의 관계를 분석했다. 감정노동의 경우 영아보육교사의 배경변인에 따른 유의한 차이가 없었다. 감정노동이 인구통계학적 특성이나 근무여건과의 연관성이 뚜렷하지 않는 것으로 판단된다. 영아보육교사의 감정노동의 정도는 높은 수준이었으며, 감정노동을 요인별로 집계한 결과 자연적 행동과 내면적 행동이 높은 반응이었고 표면적 행동은 상대적으로 낮았다. 영아보육교사의 직무스트레스 수준은 보통 이하의 스트레스 수준으로 파악되었으며, 하위요인들로 보았을 때, 영아보육교사들은 경제적 안정과 관련한 스트레스가 가장 컸고, 내인적 스트레스는 가장 낮았다. 배경변인에 따른 직무스트레스는 나이, 결혼여부, 담당영아반과 근무시간이 유의한 차이를 보였다. 영아보육교사의 스트레스 대처방안은 통제관리를 가장 많이 사용하였다. 적극적인 문제해결 중심의 통제방법을 많이 사용함에 따라 스트레스 대처 유형은 건전한 것으로 나타났다. 스트레스 대처방안의 영아보육교사의 배경변인에 따른 차이를 보면 응답자의 일반사항에 따른 차이가 대부분 나지 않았다. 다만, 나이와 결혼여부에 따라 증상관리 측면에서 뚜렷한 차이가 있었다. 변수간의 관계를 분석한 결과 감정노동이 직무스트레스에 미치는 영향력은 유의하였다. 표면적 행동과 내면적 행동의 영향력이 유의하였는데, 표면적 행동은 정의 영향을, 내면적 행동은 부의 영향을 미쳤다. 영아보육의 경우 다른 연령대와는 달리 정서적인 보육과 돌봄의 중요한 특성이 있다. 이를 이유로 영아보육교사들의 많은 감정표현이 현장에서 과도하게 강요될 수 있는데, 본 연구는 그와 같은 여건들이 직무 스트레스로 연결될 수 있는 구조를 보여주고 있다. 반면 직무스트레스가 스트레스 대처방안에 미치는 영향력은 유의하지 않았다.

강원경, 김민수, 오원경(2012)은 감정노동의 영향에 있어 직무 스트레스의 매개 효과와 표현 규칙의 공정성 지각, 문제 중심 스트레스 대처의 조절 효과에 대해 살펴보았다. 감정노동은 직무 스트레스에 정적인 영향을 미치며, 직무 스트레스는 감정노동과 직무 만족의 부적인 관계와 감정노동과 이직 의도의 정적인 관계를 매개하였다. 감정노동이 직무 스트레스를 증가시키는 관계에 있어서, 표현 규칙에 대해 공정하다고 지각할수록 두 변수의 정적인 관계가 완화되었다. 문제 중심 스트레스 대처를 많이 사용하는 개인일수록 직무 스트레스로 인해 이직 의도에 끼치는 정적인 영향은 완화되는 것으로 나타났다.

변성원과 하영옥(2019)은 경기도에 소재한 300~500병상 규모의 병원에 근무하고 있는 간호사를 대상으로 재직의도의 정도를 확인하고, 간호사의 재직의도에 영향을 미치는 요인을 규명하였다. 간호사의 재직의도는 연령, 결혼 상태, 교육정도, 임상 경력, 근무 부서, 근무 형태, 직위, 급여에서 차이가 났다. 대상자의 재직의도와 관련요인들 간의 상관관계를 분석한 결과에 의하면 임상 경력, 근무 부서, 근무 형태, 직위, 급여, 직무만족도, 병원만족도 및 회복탄력성과 유의한 양의 상관관계를 나타내었으나, 감정노동과 재직의도는 통계적으로 유의한 상관관계가 없었다.

이민자와 정윤주(2020)는 감정노동종사자의 감정노동과 직무소진 간의 관계에서 스트레스 대처능력의 매개효과를 분석하였다. 감정노동과 직무소진, 스트레스 대처능력간의 관계를 분석한 결과 정적 상관관계가 나타났으며 직무소진과 스트레스 대처능력의 관계에서는 부적 상관관계가 나타났다. 감정노동이 직무소진, 스트레스 대처능력에 정적 영향을 미치고, 스트레스 대처능력은 직무소진에 부적 영향을 미치는 것으로 나타났다. 스트레스 대처능력은 감정노동과 직무소진 간의 관계에서 부분매개 하는 것으로 나타났다. 감정노동이 직무소진과 스트레스 대처능력에 미치는 영향을 확인하였으며, 스트레스 대처능력이 감정노동과 직무소진 간의 매개역할을 하였다.

2. 울산 감정노동자의 스트레스 대처방식 실태

<표3-1>은 조사대상자들의 스트레스 대처방식에 대한 각 문항의 평균을 제시하고 있다. 모든 문항은 7점 리커트 척도로 측정되었고 몇몇 문항(*표시)은 역코딩을 하였다. 각 문항은 점수가 높을수록 스트레스를 해소하기 위해 적극적으로 대처하고 있음을 나타낸다. 조사대상자들의 스트레스 대처방식 25문항의 평균은 7점 환산으로 했을 때 4.38점으로 보통수준으로 나타났다. 전체 문항 중 가장 평균점수가 높은 문항은 '내 감정 때문에 다른 사람이 방해받지 않도록 애쓴다'이며, 5점으로 나타났다. 그 외 '긍지를 가지고 꿋꿋이 버티어 나간다' (4.89점), '자신이 느낀 바를 누구에게 말한다' (4.81점) 문항의 평균점수가 높은 편에 속하며, 대부분의 문항들이 평균 4점대를 보였다. 평균점수가 3점대로 상대적으로 낮은 문항은 '대체로 사람들을 피하고

혼자 있으려한다' (3.47점), '흡연을 하거나, 술, 약 등을 복용하여 기분을 전환한다'(3.43점)로 나타났다.

<표3-1> 스트레스 대처방식에 대한 일반적 수준

문 항	M(SD)
1. 그 문제를 잘 이해하기 위해 자세히 분석한다.	4.43(1.29)
2. 다른 삶의 입장이 되어 그 문제를 해결해 보려고 노력한다.	4.50(1.34)
3. 다음에 어떻게 할 것인지에 대해 전념한다.	4.75(1.28)
4. 문제해결을 위해 몇 가지 대책을 세운다.	4.66(1.33)
5. 자신을 반성하거나 교훈을 얻는다.	4.59(1.30)
6. 내 스스로 문제를 일으켰음을 깨닫는다.	4.64(1.15)
7. 그 일에서 무엇인가 바람직한 것을 얻어내려고 협상하거나 타협한다.	4.52(1.21)
8. 내 감정 때문에 다른 사람이 방해받지 않도록 애쓴다.	5.00(1.19)
9. 긍지를 가지고 꿋꿋이 버티어 나간다.	4.89(1.16)
10. 내 입장을 지키면서, 바라는 바를 위해 싸운다.	4.57(1.24)
11. 전문적인 도움을 청한다.	3.94(1.53)
12. 그 일에 대해 좀 더 알아보려고 누군가와 이야기 한다.	4.70(1.32)
13. 상대방이 마음을 바꾸도록 시도해 본다.	4.46(1.26)
14. 자신이 느낀 바를 누구에게 말한다.	4.81(1.35)
15. 그 일이 잘 되도록 기도한다.	4.77(1.43)
16. 내 감정을 아무에게 알리지 않으려고 노력한다.*	3.98(1.40)
17. 문제를 일으킨 사람이나 물건에 대하여 화를 낸다.*	3.62(1.33)
18. 대체로 사람들을 피하고 혼자 있으려한다.*	3.47(1.53)
19. 때때로 운이 나쁠 때도 있으니까 운으로 돌린다.*	3.86(1.38)
20. 보통 때보다 더 오래 잔다.*	4.17(1.55)
21. 흡연을 하거나, 술, 약 등을 복용하여 기분을 전환한다.*	3.43(1.77)
22. 시간이 지나면 달라질 것이라고 생각한다.*	4.41(1.41)
23. 잠시 거기서 물러나 있는다.*	4.31(1.26)
24. 어떻게든 기분을 풀어버린다.	4.44(1.31)
25. 그 일을 잊기 위해 다른 일을 하거나 다른 활동을 한다.	4.70(1.14)
7점 환산평균	4.38(1.12)

* 역코딩하였음.

<표3-2>는 스트레스 대처방식에 대한 요인분석 결과를 제시하고 있다. 하위영역을 추출하기 위해 주성분분석을 통해 eigen value 1이상인 요인을 추출하였고 varimax 회전을 사용한 결과 최종 3개의 요인이 추출되었으며, 6문항은 삭제되었다. 세 요인은 문제해결노력, 도움요청, 기분전환으로 명명되었고, 이들 요인의 신뢰도는 Cronbach's α 값이 .899, .832, .561로 나타나 신뢰할 만한 수준이었다. 문제해결 노력은 12문항으로 구성되며 7점 환산한 평균은 4.68점으로 나타났다. 도움요청은 3문항으로 구성되며, 평균은 4.36점으로 나타났고, 기분전환은 4문항으로 구성되며, 평균 4.47점으로 나타났다. 세 요인 중 문제해결 노력요인의 평균값이 다른 두 요인 평균보다 다소 높았다.

<표3-2> 스트레스 대처방식에 대한 요인분석

측정문항	요인1 문제해결 노력	요인2 도움요청	요인3 기분전환
1. 그 문제를 잘 이해하기 위해 자세히 분석한다.	.817		
2. 다른 삶의 입장이 되어 그 문제를 해결해 보려고 노력한다.	.805		
3. 다음에 어떻게 할 것인지에 대해 전념한다.	.777		
4. 문제해결을 위해 몇 가지 대책을 세운다.	.775		
5. 자신을 반성하거나 교훈을 얻는다.	.690		
15. 그 일이 잘 되도록 기도한다.	.598		
9. 긍지를 가지고 꿋꿋이 버티어 나간다.	.593		
7. 그 일에서 무엇인가 바람직한 것을 얻어내려고 협상하거나 타협한다.	.556		
8. 내 감정 때문에 다른 사람이 방해받지 않도록 애쓴다.	.522		
10. 내 입장을 지키면서, 바라는 바를 위해 싸운다.	.507		
6. 내 스스로 문제를 일으켰음을 깨닫는다.	.505		
14. 자신이 느낀 바를 누구에게 말한다.	.481		
11. 전문적인 도움을 청한다.		.743	
13. 상대방이 마음을 바꾸도록 시도해 본다.		.728	
12. 그 일에 대해 좀 더 알아보려고 누군가와 이야기 한다.		.556	
24. 어떻게든 기분을 풀어버린다.			.787
25. 그 일을 잊기 위해 다른 일을 하거나 다른 활동을 한다.			.719
23. 잠시 거기서 물러나 있는다.*			-.488
22. 시간이 지나면 달라질 것이라고 생각한다.*			-.478
Eigen-Value	7.082	2.028	1.615
설명분산(%)	28.326	8.113	6.460
누적분산(%)	28.326	36.439	42.899
Cronbach's Alpha	.899	.832	.561

<표3-3> 인구사회학적 변수에 따른 스트레스 대처방식

		문제해결 노력		도움요청	기분전환
성별	남성	56.80		13.11	17.71
	여성	55.73		13.08	17.96
	t값	0.760		0.062	-0.542
결혼지위	미혼	55.57		13.09	17.56
	기혼	57.23		13.10	18.44
	t값	-1.16		-0.016	-1.92*
연령	20대	55.90		13.14	17.62
	30대	55.26		12.36	17.64
	40대	56.56		13.35	18.50
	50대 이상	57.78		13.50	18.47
	F값	0.388		0.871	1.030
교육수준	고졸	55.28		13.04	18.00
	전문대졸	58.18		13.21	18.14
	대졸이상	56.92		13.13	17.52
	F값	1.176		0.038	0.592
근무경력	1년 미만	53.64		12.30	17.26
	1~3년 미만	55.53		13.23	17.59
	3~8년 미만	56.14		13.10	17.93
	8년 이상	58.53		13.47	18.52
	F값	2.037+		1.122	1.431
1일 응대시간	6시간 이하	57.28		13.88	17.65
	6~8시간 이하	56.20		12.83	18.25
	8시간 초과	54.82		12.81	17.26
	F값	0.800		2.296+	1.857
직종	판매직	55.99	a	13.05	17.99
	고객상담	64.84	b	14.47	18.37
	기타	54.57	a	12.87	17.59
	F값	7.985***		1.870	0.604
월평균 총수입	100만원 이하	56.47		13.06	17.47
	100~200만원 미만	54.19		13.16	17.97
	200~300만원 미만	55.96		12.50	17.75
	300만원 초과	57.90		13.45	18.25
	F값	1.294		0.722	0.561

+ p<0.1 *p<0.05 ***p<0.001

<표3-3>은 인구사회학적 변수에 따른 스트레스 대처방식의 하위요인에 대한 결과를 보여주고 있다. 문제해결 노력의 경우 직종에 따라 유의한 차이가 나타났는데, 고객상담직에 근무하는 사람들이 판매직이나 기타 직종 근무자들보다 문제해결 노력을 더 많이 하는 것으로 나타났다. 도움요청에 있어서는 1일 응대 시간에 따라 차이가 나타났는데, 응대시간이 짧은 집단일수록 도움요청을 더 많이 하는 것으로 분석되었다. 기분전환의 경우 결혼지위에 따라 유의한 차이가 나타났는데, 미혼집단에 비해 기혼집단이 기분전환을 더 많이 하는 것으로 조사되었다.

4장 | 직무소진

순천향대 천안병원은 병원 근로자의 감정노동이 건강에 악영향을 미치고, 이같은 직무 스트레스와 소진이 직무 불만족 및 이직의도에 영향을 미친다는 점에 집중해 병원 근로자의 스트레스 해소를 위한 다양한 힐링 프로그램을 실시하고 있다. 감정노동 스트레스는 근로자 우울, 불안, 공황장애와 같은 정신 건강은 물론 고혈압, 심장질환, 불면증, 생리불순, 소화기 장애를 일으키고, 스트레스 해소를 위한 흡연, 음주, 폭식, 약물중독 등 건강 위험행위로 이어질 수 있다. 병원 근로자의 정신 및 신체 건강 문제가 심각한 것은, 이들 근로자의 상태가 환자에게 악영향을 미칠 수 있기 때문이다(메디파나뉴스, 2019년 11월 16일).

1. 관련 연구의 고찰

강한철과 오종철(2014)에 의하면 콜센터 상담사들의 감정노동이 이직의도에 영향을 미치지 않았고, 자기효능감은 직무소진과 이직의도에 부적인 영향을 미쳤고, 직무소진은 이직의도에 부적인 영향을 미쳤다. 슈퍼리더십의 조절효과를 보면, 상사의 슈퍼리더십을 높게 평가한 집단에서 직무소진이 이직의도에 미치는 영향이 낮아지는 것으로 나타났다. 또한 자기효능감이 이직의도에 영향을 미칠 때 슈퍼리더십을 높게 평가한 집단에서 상대적으로 자기효능감을 높였을 때 이직의도가 크게 낮아지는 것으로 나타났다.

신동주와 선우영수(2014)는 카지노종사원들의 고객들과의 직접적인 접촉에 의한 감정노동이 직무소진에 미치는 영향과 감정노동에 의한 직무소진이 카지노종사원의 조직유효성(직무만족, 이직의도)에 미치는 영향관계를 규명하고자 하였다. 카지노종사원의 감정노동이 직무소진(감정고갈, 비인격화)에 미치는 영향관계는 카지노종사원의 모든 감정노동(표면행위, 내면행위)의 구성요소가 직무소진(직무만족, 이직의도)에 통계적으로 유의한 영향을 미치는 것으로 나타났다. 카지노종사원의 직무소진(감정고갈, 비인격화)이 조직유효성(직무만족, 이직의도)에 미치는 영향관계는 통계적으로 유의한 영향을 미치는 것으로 나타났다.

성영태(2014)는 민원담당 공무원의 감정노동이 자기효능감과 직무소진에 미치는 영향을 분석하고, 감정노동이 자기효능감을 매개효과로 직무소진에 미치는 영향을 살펴보았다. 감정노동과 자기효능감의 관계에서는 내면행동이 높을수록 자기효능감에 정의 영향을 미치고, 감정노동과 직무소진의 관계에서는 표면행동은 직무소진에 정(+)의 영향을 미치는 반면, 내면행동은 직무소진에 부의 영향을 미치는 것으로 나타났다. 자기효능감과 직무소진의 관계에서는 자기효능감은 직무소진에 부의 영향을 미치고, 내면행동이 직무소진에 미치는 영향에 있어서 자기효능감이 매개효과를 갖는 것으로 나타났다.

청주지역 외식사업체 비정규직 종사원을 대상으로 한 손일락(2015)에 의하면, 감정노동의 표면행위는 직무소진에 정의 영향을 미치고, 감정노동의 심층행위는 직무소진에 부의 영향을 미쳤다. 직무소진이 높을수록 직무만족도가 떨어지고, 이직의도는 높았다.

도기현, 원영신, 이민규(2015)에 의하면, 노인체육지도자의 감정노동의 하위요인 중 표면행위가 감정부조화에 정적인 영향을 미치는 것으로 나타났다. 노인체육지도자의 감정부조화가 직무소진에 정적인 영향을 미치는 것으로 나타났다.

이현정, 홍윤희, 류성민(2016)은 항공사 승무원을 대상으로 승무원의 감정노동이 직무소진과 서비스 품질에 미치는 영향관계를 분석하였다. 특히 승무원의 감정노동 및 직무소진과 서비스 품질 영향 경로를 규명하기 위해서 조절변수로 개인속성인 자기효능감의 조절효과와 서비스 품질에 미치는 직간접적인 영향관계를 통합적으로 연구하였다. 항공사 승무원의 감정노동은 직무소진과 정의 유의한 관계가 있는 것으로 나타났다. 세부적으로 표면행위는 직무소진에 정의 관계를, 내면행위는 직무소진과 부의 관계를 갖는 것으로 나타났다. 항공사 승무원의 자기효능감은 감정노동과 직무소진 간 관계를 조절하는 효과를 갖는 것으로 나타났다. 즉, 자기효능감은 표면행위와 내면행위 모두와 직무소진 간 관계를 감소시키는 효과를 보였다. 또한 항공사 승무원의 직무소진은 서비스 품질에 부의 관계를 나타내는 것으로 나타났으며 구체적으로 서비스신뢰성, 고객응대성 모두에 대하여 부정적인 영향을 미치는 것으로 나타났다. 항공사 승무원의 자기효능감은 서비스 품질에 정(+)의 유의한 관계가 있는 것으로 나타났다.

강성호, 허원무, 박경도(2016)에 의하면 서비스 종업원의 내재적 동기는 내면행위에 정의 영향을 미쳤지만, 표면행위에는 유의미한 영향을 미치지 못하였다. 내면행위는 직무성과에 정의 영향을 미쳤으나 표면행위는 직무성과에 유의미한 영향을 미치지 못하였고, 내면행위는 내재적 동기와 직무성과간의 관계를 부분 매개하였고, 내재적 동기는 감정노동이 직무성과에 미치는 정의 관계를 증폭하였다.

류동수와 김수정(2016)은 생활체육현장에서 다양한 연령층들을 상대로 근무하는 지도자들의 감정노동과 직무소진의 경험적 사례를 이끌어내기 위해 10년 이상 경력의 30대부터 50대까지의 지도자들을 대상으로 심층면담을 하였다. 현상학적 분류작업을 통해 1가지 상위주제 당 2개의 하위주제 총 3가지를 도출하였다. 첫째, 상위주제는 "지도자들의 감정노동에대한 인식"이며 하위주제는"경영자로서의 인식"과 "교육자로서의인식"이다. 둘째 상위주제는 "태권도장에서 감정노동의 의미와 필요성"이며 하위주제는 "경영전략으로서의 감정노동"과 "교육효과를 위한 감정노동"이다. 셋째 상위주제는 "지도자들이 경험하는 직무소진"이며 하위주제는 "현장에서 경험하는 자괴감"과 "변화를 위한 방향성"이다.

공혜원과 김효선(2016)에 의하면, 근로자들의 직장 내 행동은 근로자들이 어떠한 유형의 감정노동을 취하는가에 따라 그날의 직장 내 행동이 달라지는데, 특히 내면행위는 도움행동을 증가시키는 것으로 나타났다. 정서상태가 직장 내 행동에 유의한 영향을 미치는 것으로 나타났는데 특히, 긍정정서는 도움행동을 증가시키기도 하지만, 조직 일탈행동도 감소시키는 것으로 나타났다. 감정노동과 직장 내 행동의 관계에 대한 정서상태의 매개효과에 대해 분석한 결과, 긍정정서는 내면행위와 도움행동의 관계를 부분 매개하는 것으로 확인되었다.

보육교사를 대상으로 한 김경희, 송진영, 박용순(2017)의 연구에 의하면, 내면행위와 표면행위는 직무소진에 부적 영향을 미쳤고, 표면행위는 직무소진에 정적 영향을 미쳤다. 조직지원 인식은 감정노동의 하위요소인 내면행위와 직무소진의 하위요소인 정서적 고갈과 직무소진 간에 조절하는 효과가 있었으나, 냉소와 성취감 저하는 조절효과가 없었다. 조직지원 인식은 감정노동의 하위요소인 표면행위와 직무소진의 하위요소인 정서적 고갈과 직무소진 간에는 조절하는 효과가 있었으나, 냉소와 성취감 저하는 조절효과가 없었다.

염진철(2018)은 호텔조리 접점서비스 업무를 주로 수행하는 조리종사자들의 특성을 바탕으로 외생변수로서 표면행위와 내면행위 및 감정부조화 그리고 직무스트레스가 직무소진의 감정고갈 및 성취감 저하와 이직의도에 미치는 영향과 감정고갈 및 성취감 저하가 이직의도에 미치는 영향을 규명하였다. 첫째, 표면행위, 내면행위, 감정부조화가 높으면 높을수록 직무소진의 하위차원인 감정고갈도 높아지는 것으로 나타났다. 반면, 직무스트레스가 낮을수록 감정고갈도 낮아지는 것으로 분석되었다. 둘째, 표면행위, 내면행위, 직무스트레스가 높으면 높을수록 직무소진의 하위차원인 성취감 저하도 높아지는 것으로 나타났다. 반면, 감정부조화가 낮을수록 성취감 저하도 낮아지는 것으로 분석되었다. 셋째, 표면행위, 내면행위, 감정부조화, 직무스트레스가 높으면 높을수록 직무소진의 하위차원인 감정고갈도 높아지는 것으로 나타났다. 넷째, 감정고갈이 높으면 높을수록 이직의도는 높아지는 것으로 나타났다. 다섯째, 성취감 저하가 높으면 높을수록 이직의도는 높아지는 것으로 나타났다.

박성복과 이상욱(2018)의 연구는 KEPCO의 콜센터 상담원의 감정노동이 직무소진에 미치는 영향에 관한 인과구조를 밝히는 것이 목적이다. 이를 위해 감정노동과 관련된 표면행위와 내면행위를 독립변수로, 직무스트레스를 매개변수로, 그리고 직무소진을 종속변수로 하여 구조방정식모형을 구성하고 그에 근거하여 5개의 직접효과 가설들과 2개의 간접효과 가설들로 이루어진 연구가설들을 설정하였다. 표면행위와 내면행위의 두 독립변수들이 매개변수인 직무스트레스에 직접적인 영향력을 갖는 반면, 종속변수에는 직접적인 영향력을 갖지 않는 것으로 나타났다. 그리고 매개변수인 직무스트레스가 종속변수인 직무소진에 직접 영향을 미치는 것으로 나타났다. 따라서 종속변수에 영향을 미치는 데에 있어서 표면행위와 내면행위의 두 독립변수들은 매개변수인 직무스트레스를 통한 간접적인 영향력만을 갖게 됨으로써, 결국 직무스트레스는 이들의 인과관계에 있어서 완전매개효과를 갖는 것으로 확인되었다.

안명숙(2018)은 항공사 객실승무원이 지각한 감정노동이 갈등과 직무소진에 미치는 영향을 살펴보고, 이때 자아탄력성의 조절효과를 검증하였다. 표면행동은 갈등을 야기하나 심층행동은 갈등에 유의한 영향을 미치지 못하는 것으로 나타났다. 갈등은 직무소진에 정의 직접적인 영향을 미치는 것으로 밝혀졌다. 표면행동은 직무소진의 원인변수가 되나 심층행동은 어떠한 영향을 주지 못하는 것으로 나타났다. 업무탄력성은 감정노동의 표면행동과 갈등의 관계, 갈등과 직무소진의 관계를 조절하는 것으로 밝혀졌다.

김상두와 김정혜(2019)는 골프장 캐디의 감정노동과 직무스트레스 및 직무소진의 관계를 분석했다. 골프장 캐디의 감정은 직무스트레스에 부분적으로 영향을 미치는 것으로 나타났다. 골프장 캐디의 감정노동은 직무소진에 영향을 미치는 것으로 나타났다. 골프장 캐디의 직무스트레스는 직무소진에 부분적으로 영향을 미치는 것으로 나타났다.

오진주, 김영선, 김선희, 고현민(2019)은 노인요양시설 요양보호사 이직의도에 영향을 주는 요인을 규명하고 이를 토대로 요양보호사 이직의도를 설명하는 가설적 모형을 검정하였다. 서울과 경기 소재의 6개 노인요양기관에 근무하는 요양보호사 231명을 대상으로 감정노동, 직무스트레스, 직무만족, 이직의도를 포함한 구조화된 설문지를 배부하고 직접 기입하도록 하였다. 가설모형의 적합지수는 권장수준을 만족하였고 직무만족은 이직의도에 직접 영향을 미치는 것으로 나타났다. 직무스트레스는 이직의도에 직접 영향을 미치며 동시에 직무만족을 통해 간접적으로 이직의도에 영향을 미치는 것으로 확인되었다. 감정노동은 오히려 직무만족을 높이는 요인으로 이직의도를 감소시켰으나 유의하지는 않았다. 이들 감정노동, 직무스트레스 및 직무만족이 이직의도를 설명하는 정도는 18.1%였다.

이수행(2019a)은 골프장 캐디들의 감정노동이 직무소진 및 직무스트레스, 고객지향성에 어떠한 영향을 미치는가를 분석하였다. 감정노동의 내면행위는 직무소진에 부적인 영향을 미친 반면, 표면행위는 직무소진에 정적인 영향을 미치는 것으로 나타났다. 또한 직무스트레스 역시 직무소진과 마찬가지로 내면행위는 부적 영향력을 표면행위는 정적 영향력을 보이고 있다. 직무소진으로서의 비인격화와 개인적 성취감 저하는 고객지향성에 부적 영향을 발휘하고 있었으며, 역할과다라는 스트레스 요인은 고객지향성에 부적 영향력을 역할갈등과 역할모호성은 고객지향성에 부분적으로 정적 영향력을 발휘하였다. 감정노동과 고객지향성간에는 직접적인 인과효과가 있었고, 직무소진을 통한 간접적 인과효과 역시 나타났지만 감정노동은 직무스트레스에 직접적인 관계가 형성되지 않았다. 직무스트레스 역시 고객지향성에 인과관계가 성립되지 못하였다.

박형인(2019)은 직무탈진의 세 하위요인인 소진, 냉소, 그리고 직업비효능감에 미치는 효과의 관점에서 정서노동의 두 전략인 표면행위와 내면행위를 비교하였다. 화요일과 목요일 두 차례 실시된 온라인 설문조사를 모두 완료한 고객응대 직원 131명을 대상으로 화요일 정서노동이 목요일 직무탈진에 미치는 효과를 확인한 결과, 표면행위는 내면행위보다 소진과 냉소를 더 높이는 것으로 나타났다. 또한, 표면행위는 직업비효능감에 직접효과를 보이지 않았으나, 소진과 냉소를 순차적으로 거쳐 직업비효능감에 간접효과를 보였다. 반면, 내면행위는 간접효과 없이 직접적으로 직업 비효능감을 낮추는 것으로 나타났다. 즉, 정서노동의 두 전략은 직무탈진의 하위요인들에 미치는 효과크기가 다를 뿐만 아니라, 경로도 다르게 나타났다.

권도희와 조철호(2020)는 아파트 경비원을 대상으로 감정노동, 직무소진, 고객지향성 간의 인과관계를 고찰하고, 직무소진의 매개적 역할과 감성지능을 조절변수로 하여 이에 따른 인과모형의 영향력의 차이를 분석했다. 내면행위는 직무소진에 부적 영향, 표면행위는 정적 영향을 미쳤다. 직무소진은 고객지향성에 부적 영향을 미쳤고, 내면행위와 표면행위는 모두 고객지향성에 정적 영향을 미쳤다. 감성지능이 높은 그룹이 낮은 그룹보다 직무소진이 고객지향성에 더 큰 영향을 미침으로 직무소진은 감정노동과 고객지향성간의 관계를 설명하는 중요 매개요인임을 보여준다.

이상희(2019)는 호텔 뷔페레스토랑 감정종사자의 감정노동이 직무소진에 미치는 영향관계를 연구하고 신뢰의 조절효과를 검증하였다. 감정노동은 표면행동과 심층행동, 신뢰는 조직신뢰와 동료신뢰 등 각 2개의 요인으로 분석되었다. 호텔 뷔페레스토랑 감정종사자의 감정노동이 직무소진에 미치는 영향을 분석한 결과 표면행동은 직무소진에 유의한 정의 영향을, 심층행동은 직무소진에 유의한 부의 영향을 미쳤다. 호텔 뷔페레스토랑 감정종사자의 감정노동이 직무소진에 미치는 영향 관계에서 신뢰의 조절역할을 분석한 결과 심층행동과 직무소진의 관계에서 신뢰(조직신뢰 및 동료신뢰)는 조절역할을 수행하였지만, 표면행동과 직무소진과의 관계에서는 유의한 영향 관계를 보이지 않았다.

한국산업인력공단에서 실시하고 있는 국가자격검정업무 중 고객과의 접점에서 직접 국민들을 상대하고 있는 직원들을 대상으로 한 김병천과 배경원(2020)의 연구에 의하면, 직무소진은 감정노동이 조직유효성에 미치는 효과를 매개하였고, 사회적 지지는 감정노동과 조직유효성의 관계를 조절하였다.

안정희와 최인덕(2020)은 충청북도 지역에 근무하는 돌봄종사자인 독거노인생활관리사를 대상으로하여 돌봄종사자의 감정노동과 직무스트레스가 업무소진에 미치는 영향을 파악하였다. 인구사회학적 및 제공 서비스 특성, 감정노동, 직무스트레스가 소진에 미치는 영향을 분석한 결과, 인구사회학적 특성에서는 경제적 상태가 좋을수록, 현재기관 근무경력이 많을수록 소진에 부적인 영향을 미치는 것으로 나타났다. 감정노동에 있어서는 하위요인 감정의 부조화와, 직무스트레스에 있어서는 하위요인 역할갈등, 역할 과부하가 소진에 정적인 영향을 미치는 것으로 나타나, 돌봄종사자의 감정노동과 직무스트레스가 증가할수록 업무소진이 높아짐을 알 수 있었다.

2. 울산 감정노동자의 직무소진 실태

<표4-1>은 조사대상자들의 직무소진에 대한 각 문항의 평균을 제시하고 있다. 모든 문항은 7점 리커트 척도로 측정되었으며, 점수가 높을수록 근로자 자신이 직무로 인해 힘들다고 느끼고 있음을 나타낸다. 조사대상자들의 직무소진은 총 5문항으로 측정되었고, 평균은 7점 환산으로 했을 때 3.59점으로 나타났다. 즉 대다수 문항들에 대해 조사대상자들은 3점대의 평균점수를 보였기 때문에, 자신의 업무가 별로 힘들지 않다는 것을 의미하고 있다고 볼 수 있다.

<표4-1> 직무소진에 대한 일반적 수준

문 항	M(SD)
1. 업무로 인해 좌절감을 느낀다.	3.34(1.25)
2. 출근 시 오늘 해야 할 일이 걱정된다.	3.68(1.45)
3. 다른 부서 및 동료와의 협업은 스트레스이다.	3.44(1.33)
4. 긴장상태에서 업무를 수행한다.	3.72(1.43)
5. 업무가 너무 많아 힘들다.	3.78(1.33)
7점 환산평균	3.59(1.36)

<표4-2> 인구사회학적 변수에 따른 직무소진

독립변수		평균	독립변수		평균
성별	남성	17.51	결혼지위	미혼	18.26
	여성	18.25		기혼	17.40
	t값	-1.052		t값	1.194
연령	20대	18.24	교육수준	고졸	18.46
	30대	17.95		전문대졸	16.61
	40대	17.76		대졸이상	17.59
	50대 이상	17.03			
	F값	0.473		F값	1.725
근무경력	1년 미만	17.84	1일 응대시간	6시간 이하	17.38
	1~3년 미만	19.10		6~8시간 이하	18.38
	3~8년 미만	17.39		8시간 초과	17.68
	8년 이상	17.31			
	F값	1.691		F값	0.829
직종	판매직	18.18 b	월평균 총 수입	100만원 미만	19.03
	고객상담	13.47 a		100~200만원 미만	18.15
	기타	18.59 b		200~300만원 미만	17.00
				300만원 이상	17.41
	F값	8.180***		F값	1.761

***p< 0.001

<표4-2>는 인구사회학적 변수에 따른 직무소진의 차이를 분석한 결과이다. 오직 근로자의 직종에 따라서만 직무소진은 차이가 있는 것으로 나타났다. 구체적으로 고객상담직에 근무하는 집단이 판매직이나 기타 직종에 근무하는 집단보다 직무소진이 낮은 것으로 분석되었다.

5장| 심리적 소진

경기도는 2017년에는 1366 경기센터 등 4개 기관 58명에게 스트레스 측정과 소진예방 교육을 시범적으로 실시했고, 2018년에는 대상자를 확대해 한국형 감정노동평가 척도(K-ELS)와 사회심리적 스트레스 지수(PWI)를 통해 개인별 스트레스 강도를 측정하고, '경기도 감정노동자 권리 보호를 위한 가이드라인'과 마음 치유 및 힐링 코칭 교육을 실시했다. 2018년에 여성 또는 청소년 지원시설에 근무하는 상담사를 대상으로 여성 감정노동자 지원 프로그램 '나를 만나는 힐링 여행'을 실시했다. 또, 양평 두물머리와 용문사 산책, 레일바이크 등 다양한 체험활동과 콘서트 공연을 통해 마음의 상처를 치유하고 스스로 회복력을 되찾을 수 있는 힐링의 시간을 제공하기 위해 1박 2일 프로그램을 진행했다. 경기도는 참여자 중에서 감정노동 척도가 고위험군으로 분류되거나 본인이 교육을 희망하는 경우 3개월간 집중 심리상담과 교육을 실시했다.

1. 관련 연구 고찰

소진은 만성적인 직무 스트레스가 성공적으로 관리되지 않아 초래되는 정신적, 신체적 에너지의 고갈상태로 전문적인 직무 효율성이 저하되는 특성으로, 대면서비스를 제공해야 하는 전문 직업인에게 많이 나타난다.

카지노 딜러를 대상으로 한 김광수, 안성근, 이준재(2013)의 연구에 의하면, 카지노딜러의 감정노동의 구성개념은 표현행위, 심층행위, 감정일탈, 자발적 행위 등으로 구성되었다. 분석결과를 요약하면 카지노딜러 감정노동의 하위차원인 표면행위와 감정일탈이 높아질수록 감정부조화에 대한 지각수준이 높아지는 것으로 나타났다. 그러나 자발적 행위가 높아질수록 감정부조화는 낮아지는 것으로 나타났다.

고보경, 정현주, 전재균(2013)은 항공사 승무원을 대상으로 하여 감정노동이 감정소진에 미치는 영향과 감정노동이 감정소진을 매개로 하여 직무만족과 직무성과에 미치는 영향을 분석하였다. 내면행위는 감정소진을 감소시키는 효과가 있으며, 표면행위는 감정소진을 증가시키는 효과가 있었다. 감정소진은 직무만족과 직무성과를 떨어뜨리고, 직무만족은 직무성과를 높이는 효과를 나타냄으로써, 감정노동은 감정소진을 매개로 하여 직무만족과 직무성과에 영향을 미쳤다.

신영숙과 이지연(2014)은 특성화고등학교에 근무하는 교사가 지각한 감정노동, 심리적 소진 및 자기위로능력의 관계 규명에 목적을 두고 특성화고등학교 교사의 감정노동이 심리적 소진에 미치는 영향과 이러한 영향이 자기위로능력에 의해 매개되는지의 여부를 검증하였다. 감정노동, 자기위로능력, 심리적 소진과의 상관관계를 살펴본 결과, 감정노동 중 표면적 행동은 심리적 소진과는 유의한 정적상관, 자기위로능력과는 유의한 부적상관을 보였다. 감정노동 중 내면적 행동은 자기위로능력과 유의한 정적 상관을 보였다. 자기위로능력은 표면적 행동과 심리적 소진의 관계를 부분 매개, 내면적 행동과 심리적 소진의 관계를 완전 매개 하는 것으로 나타났다.

이화석, 유용재, 김인주(2014)는 감정노동이 직무만족이나 감정 소진을 발생시키는지를 확인하고 또 그 과정에서 개인의 감정지능이 어떠한 역할을 하는지 확인한다. 직무 만족에 미치는 감정 노동의 영향력은, 표면 행위의 경우는 통계적으로 유의미한 결과가 도출되지 않았고, 내면 행위의 경우는 직무만족에 긍정적 영향을 미치는 것으로 나타났다. 감정 소진에 미치는 감정노동의 영향력은 표면행위의 경우는 징의 방향으로 영향을 미치는 것으로 나타났다. 개인의 감정지능이 직무 만족에 미치는 감정 노동의 영향력을 조절하는 지를 분석한 결과는 표면 행위 및 내면 행위 모두 통계적으로 유의미한 결과가 도출되었다. 마지막으로 감정지능이 감정노동과 감정소진과의 관계를 조절하는지를 분석한 결과에 의하면, 통계적으로 유의미한 수준에서 영향력을 행사하지 못하는 것으로 나타났다.

신혜영(2014)은 콜센터 상담직원들이 지각하는 자기효능감이 소진을 완화시켜줄 수 있다는 주장들을 바탕으로 감정노동과 소진의 관계, 자기효능감과 소진의 관계, 그리고 감정노동으로 인한 소진의 과정에서 자기효능감이 조절변수로서의 효과유무를 파악하였다. 콜센터 상담직원들의 감정노동 하위요인 중 표면행위는 소진의 하위요인인 정서적 고갈과 비인격화에 정의 영향을 미치는 것으로 나타났으며, 심층행위는 정서적 고갈, 비인격화, 그리고 자아성취감 저하 모두에 부의 영향을 미치는 것으로 나타났다. 자기 효능감은 소진의 하위요인인 정서적 고갈과 자아성취감 저하에 부의 영향을 미치는 것으로 나타났으나, 비인격화와는 유의미한 영향관계가 없는 것으로 나타났다. 감정노동과 소진 간의 관계에서 자기효능감에 따라 부분적으로 조절효과가 있는 것으로 확인되었다.

원나래, 황지연, 김동근, 권형일(2015)은 서울 및 경기도 지역의 중학교 체육교사와 학교 스포츠클럽 강사의 감정노동 수행 및 감정적 탈진의 지각 정도를 비교 분석하였다. 분석결과를 보면, 체육교사는 학교 스포츠 클럽 강사보다 내면행위 수행을 더 많이 할 것이라고 가정하였으나 유의한 집단차가 나타나지 않아 가설이 기각되었다. 또한, 학교 스포츠클럽 강사는 체육교사보다 표면행위 수행을 더 많이 할 것이라는 가설도 유의하지 않은 것으로 나타났다. 학교 스포츠클럽 강사보다 체육교사가 더 높은 수준의 감정적 탈진을 보이는 것으로 나타났다.

양혜련(2015)은 수도권 소재 기업에서 비서로 근무 중인 154명을 대상으로 비서의 감정노동과 직무스트레스, 소진 및 이직의도와의 관계에서 자기효능감과 상사-비서 교환관계(LMX)가 조절변수 혹은 매개변수로서의 효과를 가지는지 규명하고자 하였다. 독립변수로 감정노동을, 종속변수로는 직무스트레스, 소진, 이직의도를, 그리고 조절 및 매개변수로 자기효능감과 상사-비서 교환관계(LMX)를 선정하여 SPSS 18.0을 사용하여 분석하였다. 연구결과, 감정노동과 직무스트레스, 소진, 이직의도와의 관계에서 자기효능감은 감정노동과 소진의 관계에서만 조절효과를 보이고 있는 반면, 감정노동과 직무스트레스 및 이직의도에는 조절효과가 나타나지 않았다. 한편 매개효과는 감정노동과 세 변수의 관계에서 어디에도 나타나지 않았다. 또한 감정노동과 직무스트레스, 소진, 이직의도와의 관계에서 상사-비서 교환관계(LMX)는 감정노동과 소진의 관계에서만 조절효과가 나타났으며, 감정노동과 소진, 감정노동과 이직의도와의 관계에서 매개효과가 나타났다.

정경숙, 최수정, 박명옥, 이암(2015)의 연구에 의하면, 콜센터의 감정표현규범은 상담사의 표면행동과 내면행동을 모두 증가시키는 것으로 밝혀졌다. 특히, 감정표현규범은 표면행동을 이끌어 내는데 매우 효과적인 것으로 나타났다. 또한 표면행동은 감정부조화와 감정소진을 증가시키는 반면 내면행동은 감정부조화와 감정소진을 감소시키는 것으로 밝혀졌다. 즉, 상담사의 표면행동은 실제 감정과 표현 감정 간의 차이를 증가시켜 심각한 감정부조화를 유발할 뿐만 아니라 이 과정에서 감정자원을 과잉 소모하게 되어 심각한 감정소진이 유발한다. 마지막으로, 감정부조화는 감정소진을 증가시키며, 감정소진은 이직의도의 증가로 이어진다.

강성호, 허원무, 박경도(2015)는 중국 백화점 판매원들이 판매과정에서 경험하게 되는 감정노동이 감정소모를 매개로 직무성과와 이직의도에 미치는 영향을 분석하였다. 표면행위는 감정소모에 긍정적인 영향을 미치는 것으로 나타났지만, 내면행위는 유의한 영향을 미치지 않는 것으로 나타났다. 감정소모는 직무만족에 부정적인 영향을 미치는 반면, 이직의도에는 긍정적인 영향을 미치는 것으로 나타났다. 지각된 조직지원은 내면행위가 감정소모에 미치는 정의 관계를 조절하는 것으로 나타났다.

강소영(2015)은 간호학과 재학생을 대상으로 조사한 결과 감정노동은 연령, 성별, 간호학과 편입여부, 종교, 실습기간과 학업성취도에 따른 차이에서 유의하지 않았으나, 간호학생의 실습기간에 따라 감성지능과 소진에서 유의한 차이가 있었다. 간호학생의 감정노동과 소진 간에는 유의한 정의 상관관계가 있었으며, 하위 세 가지 요인들 또한 소진과 유의한 정의 상관관계가 있었다. 감성지능이 높을수록 소진이 낮아지는 유의한 관계를 보였다. 감정노동은 소진에 유의한 영향을 미치는 요인이었고, 특히 감정표현빈도와 감정적 부조화가 소진에 영향을 주는 감정노동의 하위요인이었다. 감성지능 역시 소진에 유의한 영향을 미치고 있었고, 간호학생의 감성지능이 감정노동과 소진관계를 유의하게 조절하고 있었다.

강철희와 김유나(2016)가 요양보호사를 조사한 연구에 의하면 개인변수인 내면행위는 부적으로, 표면행위는 정적으로, 조직변수인 감정표현규칙은 정적으로, 지원적 조직 환경은 부적으로 모두 정서적 탈진에 통계적으로 유의미한 영향을 미치는 것으로 나타났다. 감정표현규칙과 표면행위의 상호작용 효과와 지원적 조직환경과 내면행위의 상호작용효과가 정서적 탈진에 의미있는 영향을 미쳤다.

이윤형, 엄금화, 한인수(2016)는 감정노동 직무에 종사하고 있는 종업원들의 행동을 규제하는 감정표현규범이 감정노동과 감정소진에 어떠한 영향을 미치는지, 그리고 이들 간의 영향관계에서 조직의 직무자원이 조절효과 또는 조절된 매개효과를 갖는지를 규명하였다. 감정표현규범은 감정노동과 유의한 정의 관계를 가지고, 감정노동은 감정소진과 유의한 정의 관계를 가진다. 감정노동은 감정표현규범과 감정소진간의 관계를 매개하는 역할을 했다. 조직의 직무자원은 감정노동과 감정소진간의 관계를 조절하는 역할을 했다. 감정표현규범이 감정노동을 거쳐 감정소진에 미치는 영향 관계서 조직의 직무자원은 조절된 매개 역할을 하는 것으로 밝혀졌다.

이경란과 김정미(2016)는 간호사의 감정노동, 사회지능, 감성지능, 소진의 정도와 상관관계를 파악하고, 간호사의 소진에 미치는 영향과 감정노동과 소진의 관계에서 사회지능 및 감성지능의 조절효과를 규명하였다. 간호사의 감정노동이 높을수록, 사회지능 및 감성지능이 낮을수록 소진이 높았으며, 소진에 감정노동이 가장 큰 영향 요인이었고, 감정노동과 소진과의 관계에서 사회지능의 부적인 조절효과와 감성지능의 정적인 조절효과가 확인되었다. 간호사의 감정노동과 소진의 관계에서 간호사의 사회지능이 높을수록 감정노동의 부정적인 영향이 줄어 소진이 낮아지고, 감성지능은 감정노동의 정도에 따라 소진을 다르게 조절하는 것으로 나타났다.

최수정과 정기주(2016)는 상담사의 감정소진을 야기하는 핵심 스트레스 원인을 고객차원(즉 고객언어폭력)과 업무차원(즉 감정노동)의 두 가지 차원에서 설명해 보고자 하였다. 아울러 고객언어폭력과 감정노동 간의 관계를 밝히고자 하였다. 마지막으로 본 연구는 감정소진이 직무성과와 이직의도에 미치는 효과를 검증하였다. 고객언어폭력은 상담사의 감정소진을 예측하는데 매우 영향력 있는 선행변수였다. 고객언어폭력은 상담사의 감정노동 중에서 표면행동을 상당히 증가시키는데 비해 내면행동과는 관련이었다. 표면행동은 직무성과를 증가시키는 동시에 감정 소진을 크게 유발하지만 내면행동은 직무성과를 증가시킬 뿐만 아니라 감정소진의 감소에도 기여하였다. 마지막으로, 감정소진은 상담사의 이직의도를 결정짓는 핵심변수로 나타났다.

김보연과 신효정(2016)은 초등교사의 감정노동(표면행위, 내면행위)과 소진의 관계에서 감정부조화와 교사효능감의 매개효과를 검증하였다. 초등교사의 표면행위는 소진에 정적인 영향, 내면행위는 부적인 영향을 미치는 것으로 나타났다. 초등교사의 표면행위와 소진의 관계에서 감정부조화의 부분 매개효과가 검증되었고, 초등교사의 내면행위와 소진의 관계에서 교사효능감의 부분 매개효과가 검증되었다.

박인실과 김미정(2016)은 소매업 여행사 종사원을 대상으로 이들이 경험하는 감정노동을 내면행위와 표면행위로 구분하고 각각 감정소진과 이직의도에 미치는 영향을 실증 분석하였다. 감정노동의 내면행위는 감정소진에 정의 영향을 미치는 것으로 나타났으며, 표면행위는 감정소진에 유의한 영향을 미치지 않는 것으로 나타났다. 소진은 이직의도에 부의 영향을 미치며, 감정노동의 내면행위는 이직의도에 부의 영향을 미치며, 표면행위는 이직의도에 정의 영향을 미치는 것으로 나타났다. 이러한 결과는 여행사 종사원들은 업무 진행 중에 자신이 느끼는 감정과 표현 감정과의 차이를 인식하고 정신적, 육체적 감정 소진되고 있다고 할 수 있으며, 감정노동자인 여행사직원의 이직예방을 위해서는 감정관리가 중요하다는 사실을 알려주고 있다.

윤기찬, 손민성, 김미선, 최만규(2015)는 감정노동이 고객지향성에 미치는 구조적 영향관계를 파악함에 있어 감정소진의 매개효과를 분석하였다. 연구 결과, A민간병원과 B의료원의 감정노동과 감정소진, 그리고 고객지향성의 평균을 비교한 결과, 감정노동과 고객지향성 중에서 친절욕구와 이해욕구는 B의료원이 높았고, 감정소진과 고객지향성 중 인간관계 욕구는 A병원이 높았다. A민간병원과 B의료원 모두에서 간호사의 감정노동은 고객지향성에 부정적인 영향을 미쳤다. B의료원에 근무하는 간호사의 경우 감정노동이 심할수록 감정소진이 증가하였으나, A민간 병원의 경우에는 관련성이 없었다. 감정노동과 고객지향성의 인과관계에 있어 감정소진의 매개효과를 살펴본 결과, B의료원 소속 간호사는 감정노동이 소진을 매개로 하여 고객지향성에 부정적 영향을 미쳤으나, A민간병원 소속 간호사는 감정소진이 발생하지 않았다.

이근철과 이강헌(2017)은 스포츠 현장의 운동선수 코치들이 지각하는 감정노동과 번아웃 수준을 통해 코치와 선수 간의 관계를 예측하였다. 코치들이 지각한 감정노동 수준은 코치-선수 관계, 번아웃 수준과 긍정적인 관계가 있는 것으로 나타났고, 번아웃 수준은 코치-선수관계와 부정적인 관계가 있는 것으로 나타났다. 코치의 감정노동 수준이 번아웃을 통해 코치-선수 관계에 부정적인 영향을 미치는 것으로 나타났다.

어용숙과 김묘성(2017)은 응급실 간호사가 경험하는 감정노동을 직원중심 감정노동과 직무중심 감정노동으로 구분하여 감성리더십과 소진의 관계를 조사하였다. 직무중심 감정노동 점수가 직원중심 감정노동 점수보다 높았으며, 직원중심 감정노동 중 표면행위를, 직무중심 감정노동에서는 감정표현 빈도를 가장 많이 수행하였다. 직원중심 감정노동과 소진과의 관계에서 표면행위는 정서적 고갈과 비인격화에 유의한 양의 상관관계를, 진심행위는 개인 성취감 감소와 음의 상관관계가 있었다. 직무중심 감정노동 중 감정표현 빈도, 지속시간, 다양성 모두 정서적 고갈과 양의 상관관계가 있었으며, 감정표현 지속시간은 비인격화와 양의 상관관계를, 감성리더십은 표면행위, 진심행위, 그리고 감정표현 지속시간과 양의 상관관계를 보였다.

김이수와 고미애(2017)는 5성급 호텔 종사원의 스트레스는 고객을 직접 접하는 종사원일수록 감정통제의 빈도가 높으며, 종사원이 느끼고 있는 감성을 억누르고 회사에서 요구하는 감정을 반복적으로 표현할 때 이에 따른 스트레스가 발생하여 감정노동이 소진현상으로 이어진다고 하였다. 감정노동 요인 중 내면화행위는 직무소진에 부의 영향을 미쳤고, 표면행위는 '직무소진에 정의 영향을 미쳤다. 직무소진과 내면화행위는 조직몰입에 부의 영향을 미쳤고, 표면행위는 조직몰입에 정의 영향을 미쳤다.

복미정(2016)에 의하면, 표면화 행동이 높을수록, 정서적 고갈을 더욱 경험하였고, 연령이 많을수록, 감정노동의 표면화 행동이 높을수록, 개인적 성취감 결여를 더 많이 경험했으나, 월평균 가계소득이 높을수록, 감정노동의 내면화 행동이 높을수록 개인적 성취감 결여는 낮아졌다.

김희정과 장순호(2017)에 의하면 태권도 지도자의 감정노동 하위요인 감정노력은 번아웃의 모든 요인에 유의한 영향을 미치는 것으로 나타났으며, 감정노동 하위요인 감정부조화는 성취감저하, 비인격화, 스트레스에 유의한 영향을 미치는 것으로 나타났다. 감정노동 중 감정노력은 감정일탈에 유의한 영향을 미치는 것으로 나타났다. 번아웃 하위요인 중 성취감저하와 감정적고갈은 감정일탈에 유의한 영향을 미치는 것으로 나타났으며,

비인격화와 스트레스에는 유의한 영향을 미치지 않았다.

한상미와 양성욱(2018)은 사회복지사의 감정노동이 소진에 영향을 미치는 과정에서 슈퍼비전과 인권이 조절기능을 하는지를 검증하였다. 개인 지원에 초점을 두는 슈퍼비전은 유의미한 조절효과를 보이지 않았으며, 조직시스템에 기반하는 인권 요인인 권리침해경험, 상사 및 동료의 폭력, 클라이언트 폭력은 모두 유의미한 조절효과가 나타났다.

왕곤염과 황지현(2018)은 체육시설에서 근무하는 지도자들의 감정표현규범과 감정노동, 감정고갈 및 이직의도와의 관계를 규명하였다. 감정표현규범은 감정노동의 하위요인인 표면행동과 내면행동에 유의한 영향을 미치는 것으로 나타났다. 감정노동의 하위요인인 표면행동은 감정고갈에 유의한 영향을 미치는 것으로 나타났으나, 내면행동은 영향을 미치지 않는 것으로 나타났다. 감정고갈은 이직의도에 유의한 영향을 미치는 것으로 나타났다.

김정오, 문희, 박옥임(2018)에 의하면, 감정노동이 소진에 미치는 영향은 감정표현 규범의 주의성과 감정의 부조화는 정서적 고갈에 유의한 정의 영향, 감정표현 규범의 주의성은 자아성취감 저하에 유의한 정의 영향, 감정의 부조화는 탈 인격화에 유의한 정의 영향을 미치는 것으로 확인되었다. 감정노동과 소진과의 관계에서 자기효능감의 조절효과는 감정노동의 하위요인인 감정의 부조화가 소진의 하위요인인 정서적 고갈에 영향을 미치는데 자기효능감은 부의 방향으로 조절적인 역할을 하는 것으로 나타났다.

박상윤과 이제승(2018)은 스포츠센터 종사자의 근로생활의 질과 이중몰입 및 이직의도의 관계를 분석하고자 하였다. 스포츠센터 종사자의 근로생활의 질은 이중몰입에 부분적으로 유의한 영향을 미치는 것으로 나타났다. 구체적으로 개인적 차원은 경력몰입에 긍정적인 영향을 미치는 것으로 나타났고, 조직적 차원과 관리적 차원은 조직몰입에 긍정적인 영향을 미치는 것으로 나타났다. 스포츠센터 종사자의 근로생활의 질은 이직의도에 부분적으로 유의한 영향을 미치는 것으로 나타났다. 구체적으로 개인적 차원은 이직의도에 부정적인 영향을 미치는 것으로 나타났다. 스포츠센터 종사자의 이중몰입은 이직의도에 유의한 영향을 미치는 것으로 나타났다. 구체적으로 경력몰입과 조직몰입은 이직의도에 부정적인 영향을 미치는 것으로 나타났다.

이소영과 홍주영(2019)은 요양보호사의 감정노동과 소진이 노인 돌봄 태도에 미치는 영향요인 파악하였다. 요양보호사의 노인 돌봄 태도에 영향을 미치는 변수로 감정노동의 주의 정도, 건강상태, 근무형태이며, 설명력은 31%였다. 요양보호사는 노인의 행동을 그대로 이해하며 받아들여야 하는 감정표현의 주의 정도에 관한 요구가 높을수록, 자가건강상태가 좋지 않을수록, 근무형태가 불안정할수록 노인 돌봄 태도에 부정적인 영향을 미치는 것으로 확인되었다.

이지희와 이은희(2019)는 경기도 내의 사회복지관련 기관에서 근무하고 있는 사회복지사를 대상으로 사회복지사의 감정노동이 소진에 미치는 영향관계에 있어서 일 가치감과 사회적 지원을 매개요인으로 하는 모형을 설하고, 구조방정식 모델을 활용한 분석방법을 통해 검토하였다. 감정노동이 소진에 유의한 정적인 영향을 직접 미치고, 일 가치감과 사회적 지원을 매개로한 간접효과도 유의하게 미치는 것으로 나타났다.

이예림, 현성협, 정지연(2019)은 감정노동의 대상 범위를 동료와 선배, 또한 기혼여성의 가족까지 확대하여 분석하였다. 요인분석을 통해 상위 9가지 변수(자존감, 가족표면연기, 직무열의, 동료표면연기, 승객내면연기, 승객표면연기, 가족내면연기, 동료내면연기, 감정소진)를 도출하였고, 회귀분석을 통하여 이들의 관계를 검증하였다. 승객, 동료, 가족들에 대한 표면 연기는 객실승무원의 감정소진과 정의 관계에 있었다. 내면 연기의 경우 승객과 동료가 대상일 때에는 감정소진과 유의한 관계가 없었으나, 가족들이 대상일 경우에는 오히려 감정소진에 부의 영향을 미치는 것으로 나타났다. 객실승무원의 감정소진은 자존감에 영향을 미치지 않았고, 감정소진은 직무열의에 부적인 영향을 미치고 자존감은 직무열의에 정적인 영향을 미쳤다.

공지은과 김상덕(2019)은 직무 수행에 있어 감정소진에 영향을 미칠 수 있는 선행요인을 신징하여 직업훈련을 수행하는 직업전문학교 또는 직업훈련 학원을 대상으로 어떤 요인이 교육서비스 제공자의 감정소진에 영향을 미치는지를 분석하였다. 내면행동은 정서적 고갈과 비인격화에 영향을 미치지 않았고, 표면행동은 정서적 고갈과 비인격화에 정의 영향을 미쳤다. 역할갈등은 정서적 고갈에 정의 영향을 미쳤으나, 비인격화에는 영향을 미치지 않았다. 역할모호성은 정서적 고갈과 비인격화에 정의 영향을 미쳤고, 상황적 제약은 정서적 고갈과 비인격화에 영향을 미치지 않았다. 개인 간 갈등은 정서적 고갈에 영향을 미치지 않았으나, 비인격화에는 정의 영향을 미쳤다.

염은이와 서가원(2019)은 종합병원에 근무하는 일반간호사의 대인관계문제와 임상간호인성이 소진에 미치는 영향을 알아보는 것이다. 단계적 회귀분석 결과, 일반간호사로 이루어진 본 연구 대상자의 소진은 임상간호인성 중 대인관계 영역, 근무부서, 대인관계문제 중 타인에게 멀어짐과 연령이 일반간호사의 소진의 영향요인으로 설명력 약35.6%임을 확인하였다. 임상간호인성 중 대인관계 영역, 근무부서, 대인관계문제 중 타인에게 멀어짐과 연령이 일반 간호사의 소진의 영향요인으로 나타났다.

정현숙과 서영희(2019)는 문학치유프로그램 활동이 감정노동자의 우울과 자아존중감에 미치는 효과를 규명하기 위하여, 서울·경기소재 직장에 근무하며 여성감정노동자 중에서 연구에 적합한 실험집단 7명과 통제집단 7명을 선정하였다. 2017년 12월부터 2018년 3월까지 총14회 활동한 내용을 분석한 결과를 요약하면 다음과 같다. 문학치유프로그램 활동이 우울에 미치는 효과는 긍정적으로 나타났다. 또한 문학치유프로그램 활동이 자아존중감에 미치는 효과는 긍정적으로 나타났다. 문학치유프로그램 활동은 감정노동자의 개인적 태도변화 및 회기별 활동내용에 긍정적인 효과를 나타냈다.

한규은과 김민영(2019)은 기존 매개모델에 상황 요인을 추가하여 상황에 따라 정서조절의 매개효과가 변화하는지 알아보았다. 다양한 직종에서 고객응대를 주 업무로 하고 있는 180명의 감정노동자를 대상으로 설문을 실시하여 감정노동자의 일상적 부정정서, 인지적 재평가, 정서적 소진, 본인이 경험하는 고객 불만의 강도 등을 측정하였다. 조절된 매개효과를 알아보기 위하여 조건적 간접효과를 분석한 결과, 고객 불만의 강도가 높은 상황에서는 부정정서가 인지적 재평가를 매개로 하여 정서적 소진에 미치는 간접효과가 정적으로 유의하였으나 고객 불만의 강도가 낮은 상황에서는 해당 간접효과가 부적으로 유의하였다. 이는 높은 강도의 부정정서 유발 상황에서는 인지적 재평가의 매개효과를 통해 감정노동자의 정서적 소진이 감소될 수 있지만, 낮은 강도의 부정적서 유발 상황에서는 인지적 재평가의 매개효과를 통해 정서적 소진이 증가될 수도 있다는 것을 보여준다.

박승미, 이명하, 김지영(2020)은 정신간호사의 D 성격유형, 긍정심리자본, 감정노동이 소진에 미치는 영향을 파악하고자 수행되었다. 정신간호사의 소진에 유의한 영향을 미치는 주요 영향요인은 긍정심리자본, 감정노동, D 성격유형, 직위로 나타났다. 이 변수들 중 정신간호사의 긍정심리자본이 소진에 가장 큰 영향을 미치는 변수였다. 정신의료기관에 근무하는 정신간호사의 소진 예방을 위해서는 이들의 긍정심리자본을 파악하고 긍정적인 심리를 자원화 시키는데 중점을 둔 중재 프로그램을 개발하여 적용할 필요가 있다.

장현일과 김도연(2020)은 초·중등교사, 특수교사, 전문상담(교) 사의 감정노동에 따라 심리적 소진이 차이가 나는지를 연구하였다. 감정노동 표면행위와 심리적 소진의 비인간화와 개인적 성취감 상실에서 초등교사 집단이 다른 집단에 비해 유의미한 차이를 나타냈다. 둘째, 교사 성별에 따른 감정노동 표면행위, 감정노동 내면행위, 심리적 소진의 정서적 고갈, 비인간화, 개인적 성취감 상실 모두에서 유의미한 차이가 없었다. 셋째, 교사 경력에서는 감정노동 표면행위에서 5년 이하 교사집단과 15년 초과 교사집단 간에 유의미한 차이가 확인되었다. 심리적 소진의 정서적 고갈, 비인간화, 개인적 성취감 상실에서는 경력 11-15년 이하 집단이 다른 집단에 비해서 유의하게 높게 나타났다.

2. 울산 감정노동자의 심리적 소진 실태

<표5-1>은 조사대상자들의 심리적 소진에 대한 각 문항의 평균을 제시하고 있다. 모든 문항은 7점 리커트 척도로 측정되었고 몇몇 문항(*표시)은 역코딩을 하였다. 각 문항은 점수가 높을수록 업무로 인한 심리적 소진이 크다는 것을 나타낸다. 조사대상자들의 심리적 소진 9문항의 평균은 7점 환산으로 했을 때 3.66점으로 심리적 소진이 보통보다 약간 낮은 것으로 나타났다. 전체 문항 중 가장 평균점수가 높은 문항은 '일로 인해 소진되었다고 느낀다'로 4.14점으로 나타났고, 그 외 대부분의 문항은 평균점수가 3점대로 중간보다 약간 낮게 나타났다.

<표5-1> 심리적 소진에 대한 일반적 수준

문 항	M(SD)
1. 마음이 든든하다.*	3.68(1.26)
2. 일로 인해 소진되었다고 느낀다.	4.15(1.35)
3. 일로 인해 좌절감을 느낀다.	3.45(1.29)
4. 과도하게 일을 하고 있다고 느낀다.	3.92(1.42)
5. 후회스럽고 서운하다.	3.39(1.29)
6. 가치 있는 일을 많이 이루었다.*	3.62(1.22)
7. 앞으로 불행이 올까봐 걱정하고 있다.	3.58(1.52)
8. 다른 사람의 인생에 긍정적인 영향이 있다고 느낀다.*	3.48(1.27)
9. 활력에 차 있다.*	3.63(1.15)
7점 환산평균	3.66(1.31)

* 역코딩

<표5-2>는 심리적 소진에 대한 요인분석 결과를 제시하고 있다.

하위영역을 추출하기 위해 주성분분석을 통해 eigen value 1이상인 요인을 추출하였고 varimax 회전을 사용한 결과 최종 2개의 요인이 추출되었다. 두 요인은 무기력한 생활과 과도한 업무로 명명되었고, 이들 요인의 신뢰도는 Cronbach's α 값이 .798, .759로 나타나 신뢰할 만한 수준이었다. 무기력한 생활은 4문항으로 구성되며, 평균은 3.60점으로 나타났고, 과도한 업무는 5문항으로 구성되며, 평균 3.70점으로 나타났다.

<표5-2> 심리적 소진에 대한 요인분석

측정문항	요인1	요인2
	무기력한 생활	과도한 업무
9. 활력에 차 있다.*	.840	
8. 다른 사람의 인생에 긍정적인 영향이 있다고 느낀다.*	.772	
6. 가치있는 일을 많이 이루었다.*	.764	
1. 마음이 든든하다.*	.722	
4. 과도하게 일을 하고 있다고 느낀다.		.784
3. 일로 인해 좌절감을 느낀다.		.761
5. 후회스럽고 서운하다.		.734
2. 일로 인해 소진되었다고 느낀다.		.665
7. 앞으로 불행이 올까 봐 걱정하고 있다.		.564
Eigen-Value	3.467	1.736
설명분산(%)	38.520	19.291
누적분산(%)	38.520	57.811
Cronbach's Alpha	0.798	0.759

<표5-3> 인구사회학적 변수에 따른 심리적 소진

		무기력한 생활	과도한 업무
성별	남성	14.10	18.19
	여성	14.60	18.66
	t값	-0.974	-0.711
결혼지위	미혼	14.47	18.61
	기혼	14.29	18.24
	t값	0.337	0.549
연령	20대	14.41	18.75
	30대	14.59	18.08
	40대	15.06	18.41
	50대 이상	13.50	17.97
	F값	0.934	0.335
교육수준	고졸	14.54	18.62
	전문대졸	14.68	18.68
	대졸이상	14.08	18.17
	F값	0.410	0.221
근무경력	1년 미만	14.53	18.07
	1~3년 미만	14.89	18.89
	3~8년 미만	14.41	18.83
	8년 이상	13.80	18.00
	F값	0.908	0.563
1일 응대시간	6시간 이하	13.90	18.47
	6~8시간 이하	14.43	18.37
	8시간 초과	14.89	18.75
	F값	0.969	0.120
직종	판매직	14.46	18.41
	고객상담	12.53	17.68
	기타	14.72	18.74
	F값	2.593+	0.390
월평균 총수입	100만원 이하	14.61	18.59
	100~200만원 미만	14.91	19.10
	200~300만원 미만	14.33	18.00
	300만원 초과	13.73	18.25
	F값	0.988	0.560

+ $p<0.1$

<표5-3>은 인구사회학적 변수에 따른 심리적 소진의 하위요인에 대한 결과를 보여주고 있다. 무기력한 생활의 경우 직종에 따라 유의한 차이를 나타내었다. 구체적으로 직종이 고객상담인 경우가 판매직이나 기타 직종에 비해 무기력한 생활 점수가 낮은 것으로 나타났지만 집단간 평균에 있어서 통계적 차이는 유의하지 않았다. 반면 과도한 업무의 경우 인구사회학적 변수에 따른 차이는 유의하지 않았다.

6장| 사회적 지원

감정노동자를 돕기 위한 사회적 지원은 역할 갈등, 시간 압박감, 일-가정 영역 간의 갈등 등의 문제를 완화시키는 데 직접적인 영향을 미치고, 수명을 늘리고, 심혈관계 질환으로 인한 사망 가능성을 감소시킨다.

호수에서는 감정노동자를 위한 다음과 같은 예방지침을 제시하였다.

1) 가능한 근로자들에게 자신의 업무에 대한 재량권을 주어야 한다.
2) 감정적인 요구로부터 멀어질 수 있도록 쉴 수 있는 시간을 주어야 한다.
3) 감정적인 요구가 심각해지는 상황을 해결하고 대처할 수 있는 훈련을 제공해야 한다.

4) 고객을 상대하는 근로자들에게는 특별한 추가 훈련과 지지가 제공되어야 한다.
5) 고객의 폭력과 위협에 대한 위험을 평가해야 하고, 관리할 수 있는 시스템을 개발하고 도입해야 한다.
6) 감정적인 요구와 사고성 사건에 직접적 또는 간접적으로 연구에 관련된 근로자들에게는 정신학적, 의학적인 지원을 해야 한다.

'서울 감정노동 종사자 권리보호센터'는 무료 심리상담부터 감정회복을 위한 치유서비스, 피해예방을 위한 교육 프로그램까지 원스톱 종합지원을 받을 수 있는 전용 공간이다. 264.46㎡ 면적에 상담실, 회의실, 휴게공간 등으로 구성된다. 이 센터는 서울시가 2017년 3월 '서울노동권익센터' 안에 신설한 감정노동보호팀을 독립기구로 확대·개편한 것으로, 감정노동 권익보호 제도 마련과 인식 개선을 위한 컨트롤타워 기능을 수행하게 된다. 감정노동 전문가와 심리상담사 등 2개 팀(▲기획운영팀 ▲감정노동사업팀) 11명이 상시 근무한다. 2020년에는 서울시에 이어 경상남도가 감정노동 종사자 권리보호센터를 열었다.

1. 관련 연구 고찰

이수연(2015)은 노동법적, 인권적인 관점에서 감정노동의 개념 및 근로자의 권리와 사용자의 책임에 관하여 설명했다. 근로계약을 전제로 사용자는 사업목적 실현 내지 이윤추구를 위해 근로자에게서 노무를 제공받고, 근로자는 임금을 목적으로 근로를 제공하게 되며, 사용자는 근로의 내용과 근로조건에 대해 통제권을 가진다. 반면, 근로자는 자신의 기본적인 권리의 실현과 건강과 안전에 대한 권리를 보장받을 것이 요구된다. 그러므로 설사 감정노동이 전통적인 노동법의 규율대상을 넘는 것이라 하더라도 그것이 업무에 기인한 것으로 볼 수 있다면, 현행법체계 내에서도 당연히 노동법상 보호되어야 할 노동의 범주에 있는 것으로 볼 수 있다. 따라서 산업안전보건법상 사업주의 안전 및 보건에 대한 예방조치의무 등을 좀 더 구체적으로 명시할 필요가 있고, 산업재해의 인정과 관련한 판단기준 역시 더욱 정치한 법리를 모색할 필요가 있다. 또한 감정노동자의 산업안전 및 보건 문제는 많은 경우에 괴롭힘과 폭력의 문제와 결부되어 나타나는 만큼 이에 대한 제도적 대응책 마련도 시급하다. 그 외에도 근로계약상 사용자의 보호의무를 민사법상 계약에 부수하는 배려의무로 본다는 문제가 있다. 이러한 방식에서는 사용자의 부수적 의무 위반 등을 이유로 민법상 계약책임 내지 불법행위책임을 물을 수밖에 없다는 한계가 있다. 다양하게 변화되어가는 산업사회에 사업장 내에서 근로자의 건강권과 안전권이 확보될 수 있도록 다양하고 새로운 형태의 노동의 개념을 포섭할 수 있는 노력이 필요하고, 이에 대한 국가 및 사용자의 책임을 노정하는 법제도적인 고려를 할 필요가 있다. 특히, 근로자가 노무를 제공하는 과정에서 자신의 안전과 건강을 확보하고 보장하도록 요구하는 것은 인격권이자 인권적인 권리라는 측면에서 접근할 필요가 있다.

원숙연과 이혜경(2018)은 서비스업 중심의 산업구조 변화에 따른 감정노동자 보호가 정책문제라는 인식에서 출발하여 옹호연합모형(ACF)의 적용을 통해 감정노동자 보호 정책의 변동과정을 분석하였다. 이를 위해 공공부문 감정노동자 보호 정책의 대표사례로 평가되는 서울시 120 다산콜센터에 초점을 맞추었다. 분석결과는 다음과 같다. 첫째, 상대적으로 안정적인 변수는 1) 서비스 산업 중심의 산업구조 변화와 감정노동자 규모의 확대, 2) 감정 노동의 여성화와 여성노동에 대한 평가 절하, 3) 감정노동 개념화 및 사회적 평가의 부재, 4) 관련 법·제도가 영향력을 발휘하지 못하는 상황, 5) 민간위탁에 따른 간접관리 및 관리소홀로 나타났다. 둘째, 외적사건은 1) 신공공관리론에 입각한 공공부문 민간위탁 가속화, 2) 감정노동의 심각성을 보여주는 사회적 사건의 발생과 감정노동자 보호 여론의 확산, 3) 진보정당 중심의 여소야대 지방의회의 출범, 4) 진보성향의 서울시장 등장, 5) 민간부문을 중심으로 전개된 감정노동자 보호 제도화 등이다. 셋째, 서울시와 서울시 의회는 찬성옹호연합과 신념체계를 공유하며 감정노동자 보호를 위한 다양한 대안을 제시함으로써 감정노동자 보호의 정책의제화에 중요한 행위자로 기능하였다.

최정임과 전순연(2014)은 감정노동은 조직몰입과 사회적 지지의 하위차원인 조직지원인식과 상사지원 인식에 부의 영향을 미치고, 사회적 지지의 두 차원은 조직몰입에 정의 영향을 미친다고 하였다. 또한 사회적 지지의 두 차원은 감정노동이 조직몰입에 미치는 효과에 매개역할을 하였다.

허찬영과 김태성(2014)에 의하면, 철도 여행 인솔자의 내면행동은 고객지향성에 유의한 정(+)의 영향을 미쳤으며, 표면행동은 유의한 부의 영향을 미치는 것으로 나타났다. 철도 여행 인솔자의 조직지원인식은 내면행동과 고객지향성과의 관계에서는 유의한 조절효과를 보이지 않았으나, 표면행동과 고객지향성과의 관계에서는 유의한 조절효과를 보이는 것으로 나타났다.

박정하(2014)는 호텔종사원들의 감정노동과 소진과의 관계에 사회적 지원의 조절효과를 살펴보았다. 호텔종사원들의 감정노동이 소진에 영향을 미치는 것으로 나타났고, 감정노동이 소진에 사회적 지원에 따라 조절효과가 있는지를 파악한 결과, 상호작용 항에 유의미한 회귀계수를 얻어 사회적 지원이 조절효과를 나타내는 것으로 검증되었다.

최해수(2015)에 의하면, 호텔종사자들의 감정노동은 직무만족에 유의적인 부의 영향을 미치는 것으로 나타났고, 직무만족은 조직몰입에 유의적인 정의 영향을 미쳤고, 감정노동이 직무만족을 거쳐 조직몰입에 영향을 미치는 매개영향 역시 유의적인 것으로 나타났다. 감정노동이 직무만족을 거쳐 조직몰입에 미치는 영향 관계에 인지된 조직지지의 조절효과가 존재하는지에 대한 검증에서도 의미있는 영향을 미쳤다. 그러나 인지된 조직지지가 미치는 영향력의 크기는 작았다.

박동필과 이지연(2016)은 보육교사가 지각한 감정노동과 소진의 관계를 규명하고, 보육교사의 감정노동과 소진 간의 관계에서 회복탄력성의 조절 및 매개효과를 검증하였다. 감정노동 중 표면행동과 소진 간에 정적인 관계가 확인되었으며, 감정노동 중 내면행동과 소진 간에는 부적인 관계가 확인되었다. 또한 표면행동과 회복탄력성 간에는 부적인 관계가 있었고, 내면행동과 회복탄력성 간에는 정적인 관계가 나타났다. 아울러 회복탄력성과 소진 간에는 부적인 관계가 있는 것이 확인되었다. 표면행동과 소진 간의 관계에서 회복탄력성의 조절효과가 확인되었다. 내면행동과 소진 간의 관계에서 회복탄력성의 매개효과가 확인되었다.

최태선(2018)에 의하면 감정노동의 표면행위는 조직몰입에 부정적인 영향을 미치고, 내면행위는 긍정적인 영향을 미치고, 동료와 상사의 사회적 지지는 조직몰입에 긍정적인 영향을 미쳤다. 감정노동과 조직몰입의 관계에서 동료와 상사의 사회적 지지는 부분적인 매개효과를 가지고 있었다.

조철호와 권도희(2019)에 의하면, 감정노동의 표면행위는 상사지원, 동료지원 및 고객지향에 긍정적인 영향을 미쳤고, 동료지원은 고객지향에 긍정적인 영향을 미쳤다. 동료지원은 표면행위가 고객지향에 미치는 인과관계에 매개역할을 하였다.

이승영과 김덕호(2019)는 간호사의 감정노동, 직무스트레스, 사회적 지지가 직무만족에 미치는 영향을 파악하였다. 간호사의 직무만족에 가장 큰 영향을 미치는 요인은 감정노동의 하위 요인인 진심행위였으며, 사회적 지지, 직무스트레스, 연령 순으로 나타났다. 따라서 간호사의 직무만족을 높이기 위해서는 감정노동의 진심행위의 수행을 높일 수 있는 교육 프로그램이 운영되어야 하며 사회적 지지를 높이기 위해 동료간 협력증진을 위한 소통프로그램이나 업무수행에 필요한 자원의 적극적인 지지가 필요하다. 또한 직무스트레스를 낮추기 위해 스트레스 수준별 대처강화 프로그램이 운영되어야 한다고 제시하였다.

이수행(2019b)은 골프장 캐디들의 감정노동이 직무소진에 미치는 영향과 이 관계를 사회적 지지가 조절해줄 수 있는가를 검증하고자 연구를 수행하였다. 감정노동의 내면행위는 직무소진에 부적인 영향을 미쳤고, 반대로 표면행위는 직무소진에 정적인 영향을 미쳤다. 다시 말해, 자신이 표현하고 싶은 것을 표현할 수 있는 정도가 강할수록 직무소진이 심해졌다는 것이다. 직무소진과 감정노동의 관계에서 사회적 지지가 미치는 조절효과와 관련, 네 변인 모두에서 의미 있는 결과가 도출되었는데, 특히 캐디가 처한 상황을 고려할 때 고객지지와 동료지지가 우세한 영향력을 보였기에 향후 골프캐디의 직무소진이나 스트레스 해소 관련 프로그램은 이들을 대상으로 고안될 필요성을 제시해준다.

김미로, 서은주, 신성희(2019)는 응급실 간호사의 소진 정도를 파악하고 감정노동, 전문직 자아개념, 자기 효능감, 사회적 지지가 응급실 간호사의 소진에 미치는 영향을 분석하였다. 응급실 간호사의 소진에 영향을 미치는 주요 요인은 전문직 자아개념 (β=−.45), 감정노동(β=.44), 자기 효능감(β=−.14) 순으로 나타났다.

임현승(2020)은 사회복지사의 감정노동과 사회적 지지가 우울에 미치는 영향과 사회적 지지가 감정노동과 우울사이에서 완충효과가 있는 지를 검증하였다. 사회복지사의 감정노동이 올라갈수록 우울 정도는 높아지는 것으로 확인되었다. 또한 사회적 지지는 우울에 영향을 미치는 주요 변수로 확인되었다. 감정노동과 우울사이에서 사회적 지지는 완충효과가 있는 것으로 확인되었다.

박은희와 박향진(2020)은 응급실 간호사의 감정노동과 감성지능 및 사회적 지지와의 관계를 확인하여 관련 변수들이 응급실 간호사의 이직에 미치는 영향을 파악하였다. 응급실 간호사의 사회적 지지와 감성지능은 상관관계가 있으며, 감정노동이 높을 수록 이직의도가 높은 것으로 나타났다. 간호사들은 응급실 업무의 특성상 강도 높은 감정노동을 경험하고 있으며, 사회적 지지를 통해 감성지능을 증가시킬 수 있다.

장혜영과 박소미(2020)는 의료기관의 주요 인력인 간호사를 대상으로 월경 전 증후군의 관련 요인을 확인하였다. 간호사의 월경 전 증후군 관련 요인이 내분비계 교란 물질 노출 정도, 감정노동, 근무 부서, 가족력 및 동료 지지 순으로 나타나, 내분비계 교란 물질이 가장 영향력 있는 요인이었다. 간호사의 감정노동을 줄이기 위해 병동 책임자가 간호사의 개인 역량을 고려한 업무 배정 및 부서 내 동료 지지 프로그램을 개발 적용하여 간호사의 월경 전 증후군 완화에 도움을 줄 뿐 아니라 직무 만족도를 높이는 데 활용할 수 있다고 제시하였다..

진윤주, 신준섭, 서동준(2020)은 장애인 활동지원사의 감정노동이 우울과 직무스트레스에 미치는 영향과 사회적 지지의 조절효과를 분석하였다. 장애인 활동지원사의 감정노동 수준이 높아질수록 우울수준이 증가하는 것으로 나타났다. 둘째, 장애인 활동지원사의 감정노동 수준이 높아질수록 직무스트레스가 증가하는 것으로 나타났다. 셋째, 장애인 활동지원사의 감정노동과 우울, 직무스트레스간의 관계에서 조절변인인 사회적 지지는 조절효과가 나타나지 않는 것으로 나타났다. 그러므로 장애인 활동지원사는 감정노동을 하는 직업으로, 활동지원서비스의 질적 향상을 위해 건강요인인 우울과 직무스트레스에 대한 관리가 필요하다.

2. 울산 감정노동자의 사회적 지원 실태

<표6-1> 사회적 지원에 대한 일반적 수준

문 항	M(SD)
1. 나의 동료는 나에 대한 관심과 배려가 있다.	4.70(1.12)
2. 직장동료에게 개인적 문제를 상담한다.	4.05(1.31)
3. 직장동료와 스스럼없이 대화하는 편이다.	4.78(1.09)
4. 업무수행 시 직장동료가 의지가 되는 편이다.	4.67(1.12)
5. 나의 상사는 나에 대한 관심과 배려가 있다.	4.62(1.19)
6. 상사에게 개인적 문제를 상담한다.	3.52(1.54)
7. 상사와 스스럼없이 대화하는 편이다.	4.14(1.32)
8. 업무수행 시 상사가 의지가 되는 편이다.	4.29(1.36)
7점 환산평균	4.35(1.26)

<표6-1>은 조사대상자들의 사회적 지원의 각 문항의 평균을 제시하고 있다. 모든 문항은 7점 리커트 척도로 측정되었으며, 점수가 높을수록 노동자 자신이 회사로부터 사회적 지원을 받고 있다고 생각하고 있음을 나타낸다. 조사대상자들의 사회적 지원은 총 8문항으로 측정되었고, 평균은 7점 환산으로 했을 때 4.35점으로 조사대상자들이 느끼는 회사로부터 받는 사회적 지원은 중간수준으로 나타났다. 전체 문항 중 평균점수가 높은 문항들은 '직장동료와 스스럼없이 대화하는 편이다'(4.78점), '나의 동료는 나에 대한 관심과 배려가 있다'(4.70점), '업무수행 시 직장동료가 의지가 되는 편이다'(4.67점) 등이며, 반면에 점수가 가장 낮은 문항은 '상사에게 개인적 문제를 상담한다'(3.52점)로 나타났다.

<표6-2> 사회적 지원에 대한 요인분석

측정문항	요인1	요인2
	상사의 지원	직장동료 지원
7. 상사와 스스럼없이 대화하는 편이다.	.792	
6. 상사에게 개인적 문제를 상담한다.	.786	
8. 업무수행 시 상사가 의지가 되는 편이다.	.782	
5. 나의 상사는 나에 대한 관심과 배려가 있다.	.680	
3. 직장동료와 스스럼없이 대화하는 편이다.		.826
4. 업무수행 시 직장동료가 의지가 되는 편이다.		.791
1. 나의 동료는 나에 대한 관심과 배려가 있다.		.776
2. 직장동료에게 개인적 문제를 상담한다.		.560
Eigen-Value	2.528	2.527
설명분산(%)	31.603	31.587
누적분산(%)	31.603	63.190
Cronbach's Alpha	.809	.777

<표6-2>는 사회적 지원에 대한 요인분석 결과를 제시하고 있다. 하위영역을 추출하기 위해 주성분분석을 통해 eigen value 1 이상인 요인을 추출하였고 varimax 회전을 사용한 결과 최종 2개의 요인이 추출되었다. 두 요인은 상사의 지원과 직장동료 지원으로 명명되었고, 이들 요인의 신뢰도는 Cronbach's α 값이 .809, .777로 나타나 신뢰할 만한 수준이었다. 상사의 지원은 4문항으로 구성되며, 평균은 4.14점으로 나타났고, 직장동료 지원은 4문항으로 구성되며, 평균 4.55점으로 나타나서, 조사대상자들은 회사의 사회적 지원에 있어서 상사의 지원보다는 직장동료의 지원을 좀 더 느끼는 것으로 조사되었다.

<표6-3> 인구사회학적 변수에 따른 사회적 지원

		상사의 지원	직장동료 지원
성별	남성	16.88	18.12
	여성	16.38	18.25
	t값	0.867	-0.260
결혼지위	미혼	16.96	18.37
	기혼	15.83	17.87
	t값	1.922+	1.032
연령	20대	17.14	18.57
	30대	16.21	17.49
	40대	15.79	18.09
	50대 이상	15.50	17.66
	F값	1.875	1.223
교육수준	고졸	16.47	18.07
	전문대졸	17.11	18.75
	대졸이상	16.55	18.23
	F값	0.250	0.416
근무경력	1년 미만	16.74	17.65
	1~3년 미만	16.49	18.28
	3~8년 미만	17.03	18.85
	8년 이상	16.11	17.88
	F값	0.493	1.153
1일 응대시간	6시간 이하	17.25	18.52
	6~8시간 이하	16.34	18.14
	8시간 초과	16.33	17.98
	F값	0.988	0.349
직종	판매직	16.58	18.34
	고객상담	18.37	19.21
	기타	16.18	17.81
	F값	2.022	1.393
월평균 총 수입	100만원 이하	17.10	18.37
	100~200만원 미만	15.63	18.25
	200~300만원 미만	16.71	17.92
	300만원 초과	16.84	18.02
	F값	1.499	0.193

+p<0.1

<표6-3>은 인구사회학적 변수에 따른 사회적 지원의 하위요인에 대한 결과를 보여주고 있다. 상사의 지원의 경우 유일하게 결혼지위에 따라 유의한 차이가 나타났다. 구체적으로 기혼집단보다 미혼집단이 상사의 지원이 높다고 응답하였다. 직장동료지원에 있어서는 인구사회학적 변수에 따른 유의한 차이는 나타나지 않았다.

7장 | 조직시민행동

조직시민행동은 자발적 의지에 기초하여 다른 사람을 도와주고 걱정하는 행동을 의미한다. 이러한 조직시민행동은 이타성과 양심성으로 구분된다. 이타성은 자신과 관련되지 않은 타인의 업무와 문제를 돕는 행동을 뜻하고, 양심성은 자신의 역할행동을 조직에서 요구하는 수준 이상으로 수행하는 행동을 뜻한다(Jeong, Lim, Choi, 2008).

1. 관련 연구 고찰

양혜련(2012)은 정서지능에 대한 연구가 많지 않은 비서학 분야에서 비서의 정서지능이 조직몰입 및 조직시민행동에 미치는 영향을 파악하기 위해 연구를 수행하였다. 독립변수로 정서지능의 하위 구성요소인 4가지 요인(자기정서인식, 타인정서인식, 정서이용, 정서조절)을, 종속변수로 조직몰입과 조직시민행동을 선정하였다. 비서의 특성에 따른 정서지능의 차이검증에서 근속년수, 학력, 직급과는 유의미한 차이를 보이지 않았고, 근무시간에서 차이를 보이고 있었다. 정서지능의 하위영역별로 보면 자기정서 인식은 고용형태에 따라 차이가 있고, 정서조절은 근무시간과 고용형태에서 모두 차이가 있었다. 정서지능의 하위 구성요소와 비서의 조직몰입의 상관관계를 분석한 결과 자기정서 인식과 몰입, 타인정서 인식과 몰입, 정서이용과 몰입, 정서조절과 몰입 간에 유의한 상관관계를 나타냈다. 또한 정서지능의 하위구성요소와 비서의 조직시민행동 간의 상관관계는 정서이용, 자기정서 인식, 타인정서 인식, 정서조절 순으로 유의한 상관정도를 나타냈다. 비서의 정서지능이 조직몰입과 조직시민행동에 미치는 영향을 회귀분석을 통해 분석한 결과, 정서지능이 조직몰입과 조직시민행동에 모두 정의 영향을 미치고 있었다.

이상우와 박영배(2013)는 종업원의 감정노동이 팔로워십과 조직시민행동에 미치는 영향을 검증하였다. 감정노동과 팔로워십의 영향관계를 분석한 결과, 감정노동을 구성하고 있는 표면행동은 팔로워십을 구성하고 있는 비판적 사고에서만 부의 관계를 나타냈다. 또한 감정노동을 구성하고 있는 내면행동은 팔로워십을 구성하고 있는 열정에서만 정의 관계를 나타냈다. 표면행동과 비판적 사고와의 부의 관계를 통하여 종업원의 표면행동이 클수록 비판적 사고를 하지 않는 것을 알 수 있다. 자신의 감정을 숨기고 고객에게 서비스를 제공하게 되면 고객에게 진정 필요한 것이 무엇이고, 필요하지 않은 것이 무엇인지 종업원이 판단하기 어려워진다. 이와 같은 상황에서 종업원은 고객에게 진정한 서비스를 제공할 수 없다. 따라서 호텔종업원의 표면행동을 감소시킬 수 있는 대안이 필요하다. 내면행동과 열정과의 정의 관계를 통하여 호텔 종업원의 내면행동은 열정을 촉진시킨다는 것을 알 수 있다. 고객에게 적극적으로 서비스를 제공하는 종업원은 고객응대 뿐만 아니라 다른 종업원과의 관계 및 호텔 내 생활도 열정적으로 하여 호텔에 전반적인 업무 분위기를 좋게 한다. 따라서 호텔종업원의 내면행동을 강화할 수 있는 대안이 필요하다. 표면행동과 능동적 참여, 열정의 관계에서는 통계적으로 유의한 관계가 나타나지 않았다. 내면행동과 비판적 사고, 능동적 참여의 관계에서도 통계적으로 유의한 관계가 나타나지 않았다. 감정노동과 조직시민행동의 영향관계를 분석한 결과 감정노동의 표면행동, 내면행동 모두 조직시민행동의 이타성과 유의적인 영향관계를 나타냈다. 표면행동을 인지한 종업원은 이타성과 부의 영향을, 내면행동을 인지한 종업원은 이타성과 정의 영향을 나타냈다.

손정기, 현용호, 남장현(2014)은 감정노동을 선행변수로 하여 조직시민행동, 이직의도 간의 구조적 영향관계를 살펴보았는데 감정노동을 두 차원으로 구성하여 표면행위와 내면행위가 조직시민행동에 유의미한 영향을 주는지, 조직시민행동이 이직의도에 유의미한 영향을 주는지 여부를 검증하였다. 감정노동 중 표면행위는 조직시민행동의 하위차원인 적극참여행동, 배려적 행동, 비불평 행동, 양심적 행동은 이타적 행동에 유의미한 정의 영향을 주었다. 감정노동 중 내면행위는 조직시민행동의 하위차원인 적극참여행동, 배려적 행동, 비불평 행동, 양심적 행동, 이타적 행동에 유의미한 정의 영향을 주었다. 조직시민행동 5개 하위요인 중 배려적 행동과 이타적 행동의 2개 요인만이 이직의도에 유의미한 부의 영향을 주었다.

신다영, 정연자(2017)는 미용 서비스 종사자의 감정노동의 수행전략인 표면행위와 내면행위가 직무스트레스에 미치는 영향을 분석하고, 조직지원 인식의 조절효과를 분석하였다. 감정노동의 표현행위는 직무스트레스에 정의 유의한 영향을 미치는 것으로 나타나 감정노동이 직무스트레스의 원인으로 작용하며, 조직지원 인식은 직무스트레스에 부의 유의한 영향을 미치는 것으로 확인되어 조직지원 인식은 직무스트레스를 감소시키는 작용을 하는 것으로 밝혀졌다. 또한 감정노동의 내면 행위와 직무스트레스 간의 관계에서 조직지원 인식의 조절효과는 유의한 것으로 나타나 조직지원 인식이 높을수록 내면행위가 직무스트레스를 감소시키는 영향을 강화시키는 것으로 밝혀졌다.

송현진, 조윤직(2016)은 감정노동이 조직 구성원의 태도와 행동에 어떠한 영향을 미치는지 살펴보고 조직지원의 조절효과를 검증하였다. 표면행위는 소진과 이직의도에 부정적인 영향력을 증가시킨 반면, 내면행위는 소진과 이직의도는 증가시키지 않고, 조직시민행동을 높이는 결과를 보였다. 한편, 사회복지사의 서비스 제공 노력에 대해 조직이 제도적 지원을 수행하거나, 조직 내 동료 및 상사가 정서적 지원을 제공하는 경우, 이는 사회복지사의 태도 및 행동에 전반적으로 긍정적인 영향을 미쳤다. 특히 조직의 정서적 지원은 소진을 증가시키는 표면행위의 부정적 영향력을 완화하는 조절효과를 나타냈다.

이상우, 박혜리, 박성진, 한진욱(2017)은 골프장 종사자의 감정노동, 감정부조화, 조직몰입 및 조직시민행동 간의 구조적 관계를 밝혔다. 골프장 종사자의 감정노동은 감정부조화에 유의한 영향을 미쳤다. 특히 감정노동의 하위 요인 중 표면행동은 감정부조화에 긍정적인 영향을 미친 반면에, 심층행동은 부정적인 영향을 미치는 것으로 나타났다. 골프장 종사자의 감정부조화는 조직몰입에 부적인 영향을 미치는 것으로 나타났다. 그리고 골프장 종사자의 감정부조화는 조직시민행동에 부적 영향을 미치는 것으로 나타났다. 또한 골프장 종사자의 조직 몰입은 조직시민행동에 긍정적인 영향을 미쳤다.

강현수와 신호철(2019)은 고객접점에서 근무하는 직원들을 대상으로 감정노동의 수행전략이 조직의 유효성인 서비스지향 OCB에 미치는 차별적 영향력을 분석했다. 감정노동의 내면행위가 서비스지향 OCB에 영향을 미쳤고, 표면행위는 내면행위보다 직무소진에 더 많은 영향을 미치는 것으로 나타났다. 직무소진은 표면행위가 아닌 내면행위와 서비스지향 OCB 간의 관계에서만 부분적으로 매개효과가 있는 것으로 나타났다. 그리고 조직지원 인식은 두 감정노동 유형과 서비스지향 OCB 간의 관계성을 강화하는 것으로 나타났다.

임상간호사를 대상으로 한 김경하(2019)의 연구에 의하면, 감정노동의 내면행위, 사회적 지지의 상사지지 및 동료지지는 직무배태성과 정적상관을 맺고 있었다. 직무배태성에 미치는 상대적 영향력을 보면, 감정노동의 내면행위(β=.236)보다 사회적 지지의 상사지지(β=.319)가 더 큰 것으로 나타났다.

김태형과 손인봉(2019)의 연구에 의하면, 장애인 직업재활시설 종사자가 지각하고 있는 감정노동이 자기효능감에 통계적으로 유의한 부적 영향을 미치고, 자기효능감은 조직시민행동에 유의한 정적 영향을 미치는 것으로 나타났다. 동시에 감정노동이 조직시민행동에 유의한 부적 영향을 미치는 것으로 나타나 자기효능감은 부분매개효과를 지니는 것으로 검증되었다.

김성환과 이시경(2019)은 경찰공무원의 감정노동과 조직효과성 간 조직지원 인식의 조절효과를 분석하여 감정노동의 부작용을 완화할수 있는 조직지원 방안을 모색하였다. 감정노동과 조직시민행동 간 표면행동과 조직지원의 상호작용과 내면행동과 조직지원의 상호작용이 조직시민행동에 조절효과를 보였다. 감정노동과 직무만족 간 내면행동과 조직지원의 상호작용도 직무만족에 조절효과를 보였으나, 표면행동과 조직지원의 상호작용은 직무만족에 유의미한 영향을 미치지 못하였다.

신원미, 김태희, 서효민(2019)은 요가지도자의 감정노동과 직무소진, 조직시민행동의 영향관계를 분석하는데 있으며, 특히 감정노동의 두 가지 유형인 표면행동과 내면행동이 조직시민행동에 영향을 미치는데 있어 직무소진의 매개효과를 검증하였다. 표면행동은 직무소진에 정의 영향을 미치는 것으로 나타났으나, 내면행동은 직무소진에 유의미한 영향을 미치지 않았다. 직무소진은 조직시민행동에 부의 영향을 미치는 것으로 나타났다. 표면행동은 조직시민행동에 영향을 미치지 않는 것으로 나타났으며, 내면행동은 조직시민행동에 정의 영향을 미치는 것으로 나타났다. 직무소진은 표면행동과 조직시민행동의 관계를 완전매개 하는 것으로 나타났으며, 내면행동과 조직시민행동의 관계에서는 직무소진의 매개효과가 발견되지 않았다.

박범우(2020)는 외식 고객의 고객시민행동과 고객불량행동이 서비스 종업원의 감정부조화와 직무소진에 미치는 영향력을 조사하였다. 고객시민행동이 감정부조화에 유의한 영향을 미치는 것으로 나타났다. 고객시민행동이 직무소진에 미치는 영향은 유의하지 않은 것으로 나타났다. 고객불량행동이 감정부조화에 유의한 영향을 미치는 것으로 나타났다. 고객불량행동이 종업원의 직무소진에 유의한 영향을 미치는 것으로 나타났다. 또한 종업원의 감정부조화가 직무소진에 유의한 영향을 미치는 것으로 나타났다. 외식고객의 고객시민행동이 서비스 접점에서 종업원의 감정부조화와 밀접한 영향을 미치는 요인으로 외식업에서의 고객시민행동과 고객불량행동의 중요성을 확인시켜 준 것으로 평가할 수 있다. 이는 고객의 불량행동이 종업원의 감정부조화와 직무소진에 유의한 영향을 나타내므로 서비스 담당 종업원의 무조건적인 감정 억제나 고객 우선 중심의 영업 전략을 추구할 시 서비스 품질 저하로 이어질 수 있음을 시사한다.

2. 울산 감정노동자의 조직시민행동 실태

<표7-1> 조직시민행동의 일반적 수준

문 항	M(SD)
1. 나는 곁근한 직장동료에게 도움을 준다.	4.47(1.30)
2. 나는 업무가 많은 직장동료에게 도움을 준다.	4.69(1.15)
3. 나는 업무 수행 시 직장동료에게 도움을 준다.	4.86(1.04)
4. 나는 주위사람들을 도울 준비가 항상 되어 있다.	4.74(1.19)
5. 나는 신입사원들의 적응을 위해 도움을 준다.	4.98(1.17)
6. 나는 회사의 변화에 맞추어 자발적으로 노력한다.	4.62(1.15)
7. 나는 회사의 지시사항을 잘 준수한다.	5.00(1.26)
8. 나는 중요한 회사모임에 자발적으로 참여한다.	4.52(1.34)
9. 나는 회사의 이미지 향상을 위한 행동을 자발적으로 수행한다.	4.59(1.23)
7점 환산평균	4.72(1.20)

<표7-1>은 조사대상자들의 조직시민행동의 각 문항의 평균을 제시하고 있다. 모든 문항은 7점 리커트 척도로 측정되었으며, 점수가 높을수록 조직시민행동 수준이 높다는 것을 나타낸다. 여기서 조직시민행동은 회사의 일에 적극적으로 참여하거나 직장동료와 서로 도움을 주는 것 의미한다. 조사대상자들의 조직시민행동은 총 9문항으로 측정되었고, 평균은 7점 환산으로 했을 때 4.72점으로 조직시민행동 수준이 중간수준으로 나타났다. 전체 문항 중 가장 평균점수가 높은 문항은 '나는 회사의 지시사항을 잘 준수한다'(평균 5점)로 나타났고, 다음으로 '나는 신입사원들의 적응을 위해 도움을 준다' 문항 또한 평균 4.98점으로 조사되었다. 대부분의 문항이 4점대 이상으로 나타났다.

<표7-2> 조직시민행동에 대한 요인분석

측정문항	요인1	요인2
	자발적 참여	직장동료 도움
9. 나는 회사의 이미지 향상을 위한 행동을 자발적으로 수행한다.	.857	
8. 나는 중요한 회사모임에 자발적으로 참여한다.	.807	
6. 나는 회사의 변화에 맞추어 자발적으로 노력한다.	.737	
7. 나는 회사의 지시사항을 잘 준수한다.	.684	
3. 나는 업무 수행 시 직장동료에게 도움을 준다.		.796
2. 나는 업무가 많은 직장동료에게 도움을 준다.		.780
1. 나는 결근한 직장동료에게 도움을 준다.		.772
4. 나는 주위사람들을 도울 준비가 항상 되어 있다.		.655
5. 나는 신입사원들의 적응을 위해 도움을 준다.		.568
Eigen-Value	4.889	1.064
설명분산(%)	54.322	11.824
누적분산(%)	54.322	66.147
Cronbach's Alpha	0.836	0.847

<표7-2>는 조직시민행동에 대한 요인분석 결과를 제시하고 있다. 하위영역을 추출하기 위해 주성분분석을 통해 eigen value 1이상인 요인을 추출하였고 varimax 회전을 사용한 결과 최종 2개의 요인이 추출되었다. 두 요인은 자발적 참여와 직장동료 도움으로 명명되었고, 이들 요인의 신뢰도는 Cronbach's α 값이 .836, .847로 나타나 신뢰할 만한 수준이었다. 자발적 참여는 4문항으로 구성되며, 평균은 4.68점으로 나타났고, 직장동료 도움은 5문항으로 구성되며, 평균 4.75점으로 나타났다.

<표7-3>은 인구사회학적 변수에 따른 조직시민행동의 하위요인에 대한 결과를 보여주고 있다. 자발적 참여의 경우 성별과 직종에 따라 유의한 결과를 보였다. 성별의 경우 여성보다 남성이 자발적 참여가 높게 나타났다. 직종에 있어서는 고객상담직이 판매직이나 기타 직종보다 자발적 참여가 유의하게 높은 것으로 분석되었다.

직장동료 도움에 있어서는 연령과 직종에 따라 유의한 차이가 있었다. 연령의 경우 30대와 40대가 직장동료 도움이 낮은 반면, 20대와 50대는 직장동료 도움이 상대적으로 높게 나타났지만, 각 집단간 차이는 유의하지 않았다. 직종에 있어서 유의한 차이가 나타났는데, 직종이 고객상담직인 경우가 판매직이나 기타 직종보다 직장동료 도움이 유의하게 높게 나타났다.

<표7-3> 인구사회학적 변수에 따른 조직시민행동

		자발적 참여		직장동료 도움	
성별	남성	19.31		23.84	
	여성	18.37		23.69	
	t값	1.731+		0.232	
결혼지위	미혼	18.65		23.76	
	기혼	18.88		23.72	
	t값	-0.406		0.066	
연령	20대	18.77		24.24	
	30대	18.23		22.03	
	40대	18.21		23.18	
	50대 이상	19.75		24.41	
	F값	1.056		2.768*	
교육수준	고졸	18.57		23.59	
	전문대졸	19.50		24.11	
	대졸이상	18.73		23.88	
	F값	0.605		0.186	
근무경력	1년 미만	17.69		23.48	
	1~3년 미만	18.25		23.49	
	3~8년 미만	19.03		23.58	
	8년 이상	19.67		24.36	
	F값	2.543*		0.516	
1일 응대시간	6시간 이하	19.22		23.63	
	6~8시간 이하	18.70		23.90	
	8시간 초과	18.28		23.54	
	F값	0.777		0.138	
직종	판매직	18.64	a	23.42	a
	고객상담	21.21	b	26.53	b
	기타	18.34	a	23.61	a
	F값	4.073*		3.885*	
월평균 총수입	100만원 이하	18.41		23.65	
	100~200만원 미만	18.21		23.54	
	200~300만원 미만	18.58		23.92	
	300만원 초과	19.80		23.88	
	F값	1.748		0.088	

+p<0.1 *p<0.05

8장 | 직장-가정 갈등

직장-가정갈등은 직장과 가정의 두 생활영역에서 역할 압력이 여러 가지 이유로 상호 양립할 수 없는 경우에 발생하는 역할 간의 갈등으로 직장생활 만족 및 전반적인 생활만족도에 영향을 주며, 우울이나 스트레스와도 관련 된다(전해옥, 권유림, 2017).

미디어윌이 운영하는 벼룩시장 구인구직이 2018년에 직장인 909명을 대상으로 설문조사를 진행한 결과 응답자의 68.3%가 '가정과 직장 사이에서 갈등을 겪어본 적이 있다'고 답했다. 이러한 갈등은 남성(69.6%)과 여성(67%)에는 큰 차이가 없었지만 미혼자(25.1%)보다는 기혼자(60.3%)가 외벌이(22.4%)보다는 맞벌이(52.5%)가 그리고 자녀가 없는 가정(11.4%) 보다 자녀가 있는 가정(63.5%)에서 갈등을 더 많이 겪고 있다고 응답했다.

가정과 직장간의 갈등으로 인해 가정에서 발생하는 가장 큰 문제점으로는 '가족간의 대화시간 부족'(42%)이 1위를 차지하며 가족과의 대화가 절대적으로 부족함을 반영했다. 이어 '가족과의 마찰횟수 증대'(18%), '갈수록 엉망이 되는 집안 환경'(18%), '가족에게 느끼는 소외감 증가'(11.2%), '가족행사 불참'(10.8%) 순이었다. 또한 가정과 직장간의 갈등은 직장에서도 좋지 않은 영향을 유발하고 있었다. 응답자의 29.5%가 '업무 사기 저하 및 권태감'이 나타난다고 답했으며 '퇴사 및 이직의 욕구 증가'(29.3%), '직장 만족도, 충성도 감소'(27.2%), '업무 생산성 감소'(12.1%) 등이 뒤를 이었다.

1. 관련 연구 고찰

복미정(2012)는 콜센터 상담사를 대상으로 감정노동의 정도를 파악하고, 감정노동과 직무소진, 조직시민행동, 직장-가정 갈등과의 관계를 분석하였다. 콜센터에 종사하는 상담사의 과반수가량은 감정노동에 대한 스트레스를 가지고 있는 것으로 보인다. 특히 감정노동의 표면화 행위보다는 내면화 행위로 인한 스트레스를 더욱 높게 인지하고 있었다. 상담사의 특성에 따른 직무소진, 조직시민행동 및 직장-가정 갈등은 다양한 결과가 나타났다. 직무소진의 경우 남성보다는 여성에게서, 연령은 27-29세의 대학교 졸업이상의 교육수준을 가지며, 결혼을 하였지만 자녀가 없고, 1일 응대시간이 7시간을 초과하는 상담사에게서 특징적으로 드러났다. 특히 좀 더 공격적인 마케팅 성향을 지닌 아웃바운드 형태의 상담유형에서 직무소진의 모습이 더 많았다. 조직시민행동 중 이타주의와 양심행동은 여성보다는 남성에게서, 연령은 33세 이상의 근무경력이 5년을 초과하는 경력자에게서, 현재 결혼을 하여 자녀가 있는 상담사에게서 나타났다. 또한 이타주의는 1일 7시간 이하의 응대시간을 가지고 있는 상담사도 높은 것으로 밝혀졌다. 마지막으로 직장-가정 갈등은 자녀가 없고, 1일 응대시간이 7시간 초과하는 상담사에게서만 존재하였다. 상담사의 감정노동이 직무소진, 조직시민행동, 직장-가정 갈등에 미치는 영향력을 분석한 결과 표면화행위는 직무소진을 가중시키며, 내면화 행위는 직무소진을 약화시켰다. 이타주의는 여성보다는 남성에게서, 근무년수가 오래될수록 더욱 높았고, 양심행동은 상담사의 연령이 높을수록 증가하는 것으로 나타났다. 감정노동의 표면화 행위는 이타주의와 양심행동을 감소시켰고, 내면화행위는 증가시키는 요인으로 밝혀졌다. 직장-가정 갈등에서는 감정노동의 영향력은 없었고, 남성보다는 여성일수록, 1일 응대시간을 많을수록 갈등이 더욱 증가하였다.

박상언(2014)은 자원보존이론의 관점에서 조직구성원이 직장-가정 상호관계 맥락에서 느끼는 심리적 안녕(psychological well-being)이 직장과 가정으로부터의 다양한 요구에 대처하는데 도움을 주며 또 직장에서 수행하는 감정노동의 질에도 영향을 미칠 수 있는 심리, 정서 자원일 수 있다고 보고, 심리적 안녕이 직장-가정 갈등과 감정노동 간의 관계를 어떻게 매개하는 지를 실증해 보고자 하였다. 가정-직장 갈등은 이들이 직장에서 수행하는 심층연기와 부적인 영향관계에 있었으며, 이러한 직접효과 이외에 심리적 안녕의 저해를 통한 간접효과도 부분적으로 확인되었다. 이로써, 전문서비스직 종사원이 고객접점에서 좀 더 진정성있는 감정노동을 수행하도록 유인하기 위해서는, 가정-직장 갈등에 대한 이들의 대처 능력과 자원을 확충해 주고 또 이들의 심리적 안녕을 제고시키는 대책이 효과적이라고 제시하였다.

김용순(2015)에 의하면, 호텔종사원들의 경우 감정노동의 표면적 행위와 내면적 행위는 일-가정갈등 및 이직의도와 유의미한 관계가 있었고, 일-가정 갈등은 이직의도와 유의미한 관계가 있었다. 호텔은 훈련을 통하여 일과 가정 영역의 교차점을 촉진하고 후원하는 HR정책을 적극적으로 시행해야 한다. 아기돌봄서비스, 노인케어센터, 그리고 컨시어지 서비스 등이 필요하다. 또한 개인이 시간관리 스킬을 훈련하여 자신의 일과 가족 영역을 분리하고 효율적으로 관리할 수 있게 도와주어야 한다,

다양한 직종에 종사하고 있는 사람들을 대상으로 한 김다미, 정현선, 박동건(2016)의 연구에 의하면, 비인격적 감독을 높게 지각할수록 상사를 향한 부하의 감정노동이 증가하였고, 비인격적 감독은 상사에 대한 부하의 감정노동이라는 매개과정을 통해 조직 구성원의 일-가정 갈등을 높이고 대인 일탈행동을 증가시켰다. 위계적 조직풍토를 높게 지각할 경우 비인격적 감독과 부하의 감정노동 간의 관계가 더 강하게 나타났다.

나병진과 김은정(2016)에 의하면, 간호사의 감정노동과 직무스트레스는 높은 수준이었으며, 이직의도, 직장-가정 갈등 또한 높은 수준이었다. 또한 감정노동과 직무 스트레스, 이직의도, 직장-가정 갈등 간의 관계를 분석한 결과, 네 변수 모두 상호간에 모두 유의한 상관관계가 있었다. 감정노동, 직무 스트레스와 이직의도 관계에서 직장-가정 갈등은 모두 조절효과와 부분 매개효과가 있는 것으로 나타났다.

홍은지, 천덕희, 이영관(2018)에 의하면, 감정노동과 고용불안은 정서적 소진과 직장-가정갈등에 유의한 영향을 미치고 정서적 소진은 직장-가정갈등에 유의한 영향을 미치는 것으로 나타

났다. 또한 정서적 소진과 직장-가정갈등은 직장생활만족과 가정생활만족에 유의한 부의 영향을 미쳤다.

이기성(2020)은 고객과의 우호적인 관계형성인 라포르를 중심으로 상설뷔페 및 웨딩홀 기업의 종사원 대상을 제시함으로써 감정노동과 직무만족을 실증적으로 연구하였다. 고객 간의 상호작용 과정에서 발생하는 감정표현들은 고객 서비스 행동의 중요한 지표로 작용되는데, 외식기업은 조직의 목표와 성과달성을 위해 종사원의 직무에 대한 능률을 높여 만족을 향상시켜야 하기 때문이다. 라포르는 감정노동의 내면행위와 표면행위에 정의 영향을 미치고, 라포르는 직무만족에도 정의 영향을 미쳤다. 감정노동의 내면행위는 직무만족에 정의 영향을 미쳤지만, 표면행위는 직무만족에 영향을 미치지 않았다. 라포르의 즐거운 관계와 개인적 유대감은 감정노동의 내면행위를 매개로 하여 직무만족에 유의한 영향을 주어 내면행위가 부분매개 역할을 하였다. 하지만, 감정노동의 표면행위는 통계적으로 유의미한 영향이 없어 매개역할을 하지 못하였다.

2. 울산 감정노동자의 직장-가정 갈등 실태

<표8-1> 직장과 가정생활 갈등에 대한 일반적 수준

문 항	M(SD)
1. 업무시간 과다로 개인적 볼일을 볼 시간이 부족하다.	3.86(1.45)
2. 가족과 보낼 시간을 직장에서 뺏기는 것 같다.	3.78(1.44)
3. 퇴근 후 집안일을 못한다.	3.83(1.52)
4. 회사업무로 집에서 가족 간 갈등이 발생한 적이 있다.	3.17(1.41)
7점 환산평균	3.66(1.46)

<표8-1>은 조사대상자들의 직장과 가정생활 갈등에 대한 각 문항의 평균을 제시하고 있다. 모든 문항은 7점 리커트 척도로 측정되었으며, 점수가 높을수록 근로자 자신이 직장과 가정생활 간에 갈등이 크다는 것을 나타낸다. 조사대상자들의 직장과 가정생활 갈등은 총 4문항으로 측정되었고, 평균은 7점 환산으로 했을 때 3.66점으로 나타났다. 즉 대다수 문항들에 대해 조사대상자들은 3점대의 평균점수를 보였기 때문에, 직장과 가정생활의 갈등이 보통보다 낮다는 것을 의미한다.

<표8-2> 인구사회학적 변수에 따른 직장과 가정생활 갈등

독립변수		평균	독립변수		평균
성별	남성	14.29	결혼지위	미혼	14.45
	여성	14.87		기혼	15.02
	t값	-0.894		t값	-0.873
연령	20대	14.41	교육수준	고졸	14.79
	30대	14.89		전문대졸	14.18
	40대	15.65		대졸이상	14.57
	50대 이상	14.28			
	F값	0.695		F값	0.201
근무경력	1년 미만	13.81	1일 응대시간	6시간 이하	13.60 a
	1~3년 미만	14.65		6~8시간 이하	14.48 ab
	3~8년 미만	15.12		8시간 초과	16.12 b
	8년 이상	14.78			
	F값	0.635		F값	4.316**
직종	판매직	14.67 ab	월평균 총 수입	100만원 미만	14.29
	고객상담	12.05 a		100~200만원 미만	15.15
	기타	15.15 b		200~300만원 미만	14.63
				300만원 이상	14.73
	F값	3.354*		F값	0.377

* p<0.05 **p<0.01

<표8-2>는 인구사회학적 변수에 따른 직장과 가정생활 갈등의 차이를 분석한 결과이다. 근로자의 1일 응대시간과 직종에 따라서 유의한 차이가 있는 것으로 나타났다. 구체적으로 1일 응대시간이 6시간 이하로 근무하는 집단이 8시간 초과하여 근무하는 집단에 비해 직장과 가정생활 갈등이 적은 것으로 나타났다. 또한 직종의 경우 고객상담직에 근무하는 집단이 기타직종에 근무하는 집단보다 직장과 가정생활 갈등이 낮은 것으로 분석되었다.

9장| 감정노동자의 생활만족도

유엔이 발표한 일곱번째 세계행복보고서(World Happiness Report 2019)에서 156개국 중 종합 54위에 랭크된 한국이 세부 항목 중 가장 취약하게 나타난 지표는 '인생선택 자유도'(144위)였다. 이 항목은 '당신은 당신의 인생에서 무엇을 해야 할지 선택하는 자유 정도에 만족하느냐'는 질문이다. 다음세대 정책실험실(LAB2050)은 최근 펴낸 보고서에서 "일반인들 불안의 상당 부분은 대한민국 사회 특유의 경직성에서 나온다"며 "태어난 가정의 상황과 성별에 따라 생의 많은 것들이 결정되고, 대학 입시를 통해 또 커다란 부분이 정해지며, 첫 취업과 결혼 시점을 지나고 나면 되돌릴 수 있는 것은 거의 없다. '선택의 자유'가 거의 없는 채로, 정해진 경로를 따라 살아가게 되는 것"이라고 지적한다.

이 보고서는 한국이 풍요 속에서도 삶의 질이 낮은 이유에 대해 가장 많은 단서를 제공하는 것이 노동 관련 지표라고 밝혔다. 그러면서 "한국은 저임금 노동자 비율이 경제협력개발기구

(OECD) 국가 중 미국 다음으로 높고, 여성의 임금이 남성 임금의 60%를 조금 넘는 수준이며, 근로시간은 멕시코를 제외하면 OECD 국가 중 가장 길다"고 설명한다. 특히 "장시간 근로와 스트레스로 한국인은 자신의 건강을 부정적으로 평가한다"고 덧붙였다.

보고서는 가령 "출산휴직 제도를 선진국 수준으로 만들어나가고 있음에도 불구하고 여성의 경력단절은 다른 나라와는 비교하기 어려울 만큼 심각한 현상으로, 육아휴직만으로 해결할 수 없는 구조적 난맥상이 존재한다"고 분석했다. 불행은 원치 않는 삶, 선택하지 않은 삶을 사는 데서 오며, 이처럼 자유를 제한하는 것은 몇 가지 제도로 해결할 수 없게 얽혀있다(세계일보, 2019년 3월 27일).

1. 관련연구 고찰

1) 직무만족

장재원과 이준상(2013)은 노인돌보미의 감정노동과 일 만족도, 우울과의 인과관계를 규명하여, 특히 감정노동 종사자들의 정신건강 증진을 위한 정책적, 실천적 대안을 제시하였다. 노인돌보미의 감정노동 즉 부조화, 지속정도, 주의정도와 일 만족도 간에 부적 상관관계가 있었다. 노인돌보미의 감정노동 중 주의정도 요인은 우울에 직접적인 영향을 미치지 않고 일 만족도에 부적 영향을 미치는 경로만 유의미하였다. 하지만 감정노동 중 지속정도는 우울에 직접 효과를 미치는 경로와 일 만족도를 매개하여 간접 효과를 가지는 경로도 유의미하게 나타났다.

이경희와 박해경(2013)의 연구는 간호사의 감정노동이 임파워먼트와 직무만족도에 미치는 영향과 임파워먼트와 자율성의 매개효과를 파악하는데 목적이 있다. 연구결과를 보면, 감정노동 정도는 3.14점이었으며 감정표현의 빈도가 가장 높았고 감정표현의 강도가 가장 낮았다. 임파워먼트는 3.43점, 자율성 3.14점, 직무만족도는 3.24점이었다. 감정노동은 임파워먼트, 자율성, 직무만족도와 유의한 순 상관관계를 나타내었고, 임파워먼트는 자율성, 직무만족도와 유의한 순 상관관계다. 자율성은 직무만족도와도 유의한 순 상관관계를 나타내었다. 감정노동과 직무만족도 간의 관계에서 임파워먼트와 자율성이 완전매개를 하는 것으로 나타났다.

박유정, 한은희, 임진숙, 한채정(2013)은 직무스트레스, 직무만족도, 감정노동이 미용종사자의 이직의도에 미치는 영향을 분석하였다. 이직의도는 인구학적 특성에서 기혼에 비해 미혼, 연령이 30대 이하인 경우가, 업무 특성에서 근무지역이 부산과 대전, 현 근속년수가 3년 이하, 총 근속년수가 2~4년 이하, 총 근무시간이 9시간 이상, 월 평균 휴일이 7일 이하, 월 평균 소득이 200만원 미만인 경우가 이직의도를 많이 가지고 있는 것으로 나타났다. 이직의도는 직무스트레스, 직무만족도, 감정노동과 유의한 상관관계를 가지고 있었다. 이직의도는 직무스트레스의 하위요인인 해당업무와 보상부적절, 고객접대, 자기개발, 대인관계, 업무지원과 모두 유의한 정적 상관관계를 가지고 있었고, 직무만족도의 하위요인인 근무환경, 직무자체, 월 소득, 동료관련은 모두 유의한 부적 상관관계를 가지고 있었다. 그리고 감정노동의 하위요인인 감정노동빈도, 감정표현에 대한 주의정도, 감정의 부조화 역시 모두 유의한 정적 상관관계를 가지고 있었다. 중다회귀분석에서 직무스트레스, 직무만족도, 감정노동의 하위요인 중 이직의도에 유의한 영향을 미치는 요인을 분석한 결과 직무스트레스에서는 대인관계, 직무만족도에서는 근무환경, 직무자체, 월소득, 동료관련, 감정노동에서는 감정표현에 대한 주의정도, 감정의 부조화가 이직의도에 유의한 영향을 미치는 요인인 것으로 나타났다.

보육교사를 대상으로 한 김동현과 이재모(2014)의 연구에 의하면, 감정노동은 국공립에서 가장 높고, 직장에서 가장 낮게 나타나고 있었다. 그리고 직무만족은 직장에서 가장 높게 나타나고 있었으며, 이직 의도는 국공립에서 가장 높게 나타나고 있었다. 감정노동은 상사관계에 부의 영향을 미치는 것으로 나타나고 있었다. 감정노동은 동료관계에 정의 영향을 미치는 것으로 나타나고 있었다. 감정노동은 전체만족에 정의 영향을 미치는 것으로 나타나고 있었다. 직무만족이 이직의도에 미치는 영향에서 직무자체, 상사관계, 전체만족이 이직의도에 부의 영향을 미치는 것으로 나타났다. 상사관계가 이직의도에 가장 큰 영향을 미치고 있었으며, 전체만족, 직무자체의 순으로 나타났다.

류태모, 위희경, 정현우(2014)에 의하면, 종업원 감정노동행동의 하위차원인 기초내면행동과 고객관점 내면행동이 직무만족에 유의적인 정의 영향을 미치고 있었지만, 기초표면행동, 심화표면행동, 고객응대 내면행동은 직무만족에 유의적인 영향을 미치지 않고 있음을 검증하였다. 감성리더십의 조절효과는 감정노동행동 하위차원 중 기초내면행동과 고객응대 내면행동이 직무만족에 미치는 영향력에 유의적인 조절효과가 있음을 검증하였다. 임파워먼트의 조절효과는 감정노동행동 하위차원 중 심화표면행동, 고객응대 내면행동, 그리고 고객관점 내면행동이 직무만족에 미치는 영향력에 유의적인 조절효과가 있었다.

은행종업원을 대상으로 한 초필연, 이근태, 강기두(2014)의 연구에 의하면, 고객 불량행동이 종업원의 감정부조화 및 감정고갈에 유의한 정의 영향을 미치고, 종업원의 감정 부조화 및 감정고갈은 모두 직무만족에 유의한 부의 영향을 미쳤다. 그리고 접점종업원들이 고객 불량행동을 상대할 때 스스로 취하는 감정노동의 형태, 즉 진심행위와 표면행위는 종업원의 부정적 정서를 조절하지 않았지만, 고객으로부터 입힌 부정적 정서는 직무만족도에 주는 부정적 영향에 있어 종업원이 취하는 표면행위가 그 부정적 영향을 조절하였다.

박연옥과 안성식(2015)은 감정노동이 서비스 제공수준 등의 선행연구를 바탕으로 항공사에 종사하고 있는 종사원들의 조직몰입과 직무만족에 미치는 영향을 알아보기 위하여 실증연구를 했다. 감정노동인 감정표현 다양성, 감정표현 강도, 감정적 부조화 순으로 절차적 서비스 수준에 부정적인 영향을 미치는 것으로 나타났고, 감정노동인 감정표현 빈도는 절차적 서비스 수준에 영향을 미치지 않는 것으로 나타났다. 감정노동인 감정적 부조화와 감정표현 강도가 개인적 서비스 수준에 부정적인 영향을 미치는 것으로 나타났고, 감정노동인 감정표현 다양성과 빈도는 개인적 서비스 수준에 영향을 미치지 않는 것으로 나타났다. 서비스 제공수준인 절차적 서비스 수준과 개인적 서비스 수준이 조직몰입인 정서적 몰입, 규범적 몰입, 지속적 몰입에 긍정적인 영향을 미치는 것으로 나타났다. 조직몰입인 정서적 몰입,

규범적 몰입, 지속적 몰입이 직무만족도에 영향을 미치는 것으로 나타났다.

이혜미와 한진수(2015)는 호텔에 종사하는 종사원을 대상으로 긍정적 감정표현요구가 감정노동의 표면행위와 심층행위에 그리고 감정부조화와 이직의도간의 영향 관계를 살펴보았다. 긍정적 감정표현요구는 감정노동의 표면행위와 심층행위에 정의 유의한 영향을 미쳤다. 감정노동의 표면행위는 감정부조화에 정의 유의한 영향 을 미쳤으나 심층행위는 유의한 영향이 없는 것으로 나타났으며 감정부조화가 이직의도에 정의 유의한 영향을 미치는 것으로 나타났다.

손정기, 김기성(2015)은 특급호텔 종사원의 감정노동 하위변수인 표면행위, 내면행위가 직무만족 및 이직의도에 미치는 영향을 검증하였다. 감정노동 중 내면행위는 감정에 긍정적 영향을 주어 직무만족에 유의한 정의 영향을 미치고 이직의도에 유의한 부의 영향을 미쳐 안면환류가설을 지지하는 결과를 도출하였다. 또한 감정노동 중 표면행위는 본 연구에서는 영향관계가 기각되었으나 직무만족에 유의한 부의 영향을 미치고 이직의도에 유의한 정의 영향을 미쳤다.

류영옥과 고은(2015)에 의하면, 감정노동은 연령, 결혼상태, 근무부서, 근무형태, 총근무경력, 직위 및 월급여에 따라 차이가 났다. 감정노동은 간호전문직관 및 직무만족과 유의한 음의 상관관계를 보였고, 간호전문직관은 직무만족과 유의한 양의 상관관계를 보였다.

노인복지관에서 근무하는 사회복지사의 감정노동을 연구한 김희경과 고재욱(2015)에 의하면, 감정노동빈도는 남성보다는 여성이 더 높았고, 근속 년수는 3-6년이 가장 높은 것으로 나타나 약간의 경력은 감정노동에 영향을 미치는 것으로 나타났다. 직무만족도가 높은 경우 이직의도를 낮추는 힘으로 작용하고 있는 것으로 분석됐다.

김봉곤과 조용범(2015)에 의하면, 오픈 주방 종사원들의 내면행위는 직무만족에 정의 영향을, 표면행위는 직무만족에 부의 영향을 미쳤다. 직무만족은 고객 지향성에 정의 영향을 미쳤고, 내면행위는 고객지향성에 정의 영향을 미쳤으나, 표면행위는 고객지향성에 영향을 미치지 않았다.

김학권, 조형수, 윤상영(2015)에 의하면, 스포츠센터 지도자의 감정노동은 직무만족과 고객지향성에 부적인 영향을 미쳤고, 직무만족은 고객지향성에 정적인 영향을 미쳤다.

주은주, 권영채, 남문희(2015)는 임상간호사의 행복지수는 일반적 특성보다 간호업무환경과 감정노동에 의하여 더 큰 영향을 받는다고 하였다. 간호업무환경, 감정노동, 미래계획 순으로 행복지수에 미치는 영향력이 컸다.

배인열, 남태웅, 진창현(2015)은 주얼리 산업에 종사하는 종사원을 대상으로 서비스 접점의 종사원의 감정노동에 따른 감정부조화, 직무스트레스 정도 및 직무에 대한 만족도를 알아보았다. 감정노동의 표면행위는 종사원들의 내면행위에 영향을 미쳤다. 감정노동의 표면행위는 종사원들의 직무와 관련된 감정부조화와 밀접하게 관련되어 있고, 감정 불일치로 연결된다. 또한 감정노동의 내면행위는 감정부조화에 유의한 영향을 미치지 않았다. 그 이유는 서비스고객의 관점에서 진정성이 없는 표면적 감정표현은 위선으로 인식되어 고객의 긍정적 반응을 이끌어낼

수 없을 것이고, 내면화된 감정표현의 중요성은 고객이 서비스 과정에서 고객을 배려하고 이해하는 진정성이 더 많이 내포되어 있다는 사실을 인지하고 있기 때문일 것이다.

안종호와 하제현(2015)은 골프장 캐디의 감정노동이 직무스트레스와 직무만족에 미치는 영향을 분석하였다. 골프장 캐디의 감정노동의 하위 변인인 감정표현의 다양성, 감정표현의 주의정도, 감정적 부조화는 심리적 직무스트레스에 직접적인 영향관계가 있는 것으로 나타났지만 감정표현의 빈도는 심리적 직무스트레스와 영향관계가 없는 것으로 나타났다. 골프장 캐디의 감정노동의 하위 변수인 감정표현의 다양성, 감정표현의 주의정도, 감정적 부조화는 육체적 직무스트레스와 영향관계가 없는 것으로 나타났지만 감정표현의 빈도는 육체적 직무스트레스와 직접적인 영향관계가 있는 것으로 나타났다. 골프장 캐디의 감정노동과 외적 직무만족의 영향관계에서 다중회귀분석의 회귀모형은 적합하지 않은 것으로 나타났다. 즉, 골프캐디의 감정노동의 네 개 하위변수인 감정표현의 다양성, 감정표현의 주의정도, 감정적 부조화, 감정표현의 빈도는 외적 직무만족과 아무런 영향관계가 없음을 나타낸다. 골프장 캐디의 감정노동의 하위 변수인 감정표현의 다양성, 감정표현의 주의정도는 내적 직무만족과 직접적인 영향관계가 있는 것으로 나타났지만 감정적 부조화와 감정표현의 빈도는 내적 직무만족과 직접적인 영향관계가 없는 것으로 나타났다.

항공사 객실승무원을 대상으로 한 김상범과 임은정(2016)에 의하면, 감정노동은 직무스트레스와 피로관리에 긍정적인 영향을 미쳤고, 표면적인 감정노동은 직무만족에 정적인 영향을 미쳤으나, 내면적인 감정노동은 영향을 미치지 않았다. 직무스트레스는 직무만족에 부정적인 영향을 미쳤으나, 이직의도와 피로관리에 긍정적인 영향을 미쳤다.

심윤정, 오흥철(2016)은 호텔종사원들의 감정노동으로 인한 직무스트레스, 직무만족, 이직의도에 미치는 구조적 영향관계를 분석하였다. 호텔종사원의 내면행위 감정노동은 직무스트레스에 부의 영향을 미치고, 표면행위 감정노동은 직무스트레스에 정의 영향을 미쳤다. 호텔종사원의 내면행위 감정노동은 직무만족에 정의 영향을 미치는 것으로 나타났지만, 표면행위 감정노동은 호텔종사원의 직무만족에 부의 영향을 미치지 않았다. 호텔종사원의 내면행위 감정노동이 이직의도에 부의 영향을 미치지 않았고, 표면행위 감정노동은 이직의도에 정의 영향을 미쳤다. 호텔종사원의 직무스트레스는 직무만족에 부의 영향을 미치고, 호텔종사원의 직무스트레스는 이직의도에 정의 영향을 미쳤다. 호텔종사원의 직무만족은 이직의도에 부의 영향을 미쳤다.

전영철과 이상희(2016)에 의하면, 외식업체 비정규 종사원의 감정노동 요인은 표면행위, 심층행위의 두요인으로 분석되었다. 외식업체 비정규 종사원의 표면행위는 직무소진에 유의한 정의 영향을 미쳤고, 비정규 종사원의 심층행위는 직무소진에 유의한 부의 영향을 미쳤다. 직무소진은 직무만족에 부의 영향을 그리고 직무소진은 이직의도에 유의한 정의 영향을 미쳤다.

백지윤, 현대성, 장세진(2017)은 임상간호사의 직무만족도에 따른 감정노동, 감정부조화, 소진이 이직의도에 미치는 영향을 알아보기 위하여 다중집단 경로분석을 하였다. 모든 경로모형에서 이직의도는 감정노동이 높을수록 감정부조화와 소진을 매개하여 높아지는 것으로 확인되었고, 낮은 직무만족도 집단에서만 감정부조화가 이직의도에 직접효과를 보였다. 감정노동으로 인한 감정부조화의 효과는 근로자 개인의 태도에 따라 상이한 양상을 보일 수 있다는 점이다.

이광수와 허진(2017)은 감정노동의 연구대상을 좀 더 다양한 산업으로 확대할 필요성이 있어 지금까지 연구가 부족했던 태권도 지도자를 대상으로 이들이 경험하는 감정노동을 내면행위와 표면행위로 구분하여 연구를 수행하였다. 태권도 지도자의 감정노동 하위요인인 내면행위와 표면행위는 감정소진과 직무만족에 유의한 영향을 미치는 것으로 나타났다. 감정소진은 직무만족과 직무성과에 유의한 영향을 미치고, 직무만족은 직무성과에 유의한 영향을 미치는 것으로 나타났다.

방해순과 조옥선(2017)은 보육교사의 감정노동이 직무만족에 미치는 영향을 분석하고, 이 관계에서 직무소진과 교사효능감의 매개효과를 분석하였다. 보육교사의 감정노동이 직무소진에 정적인 영향을 미쳤으며, 직무소진과 교사효능감은 감정노동이 직무만족에 미치는 영향에 있어 부분매개효과가 있었으며, 직무소진은 위험요인으로, 교사효능감은 보호요인으로 작용하였다.

환대산업 종사자를 연구한 정지영(2018)에 의하면, 서비스능력과 서비스성향 교육훈련은 직무만족에 긍정적 역할을 하였으며, 감정노동과 직무만족의 인과관계를 역으로 검증한 결과 직무만족이 높을수록 내면행동은 증가하고 표면행동은 감소하였다. 또한 직무만족은 고객지향성을 증가시키는 요인임을 밝혔으며, 내면행동은 고객지향성을 높였으나, 표면행동과 서비스교육훈련은 고객지향성에 영향을 주지 않았다. 직접적인 영향관계가 없었던 서비스교육훈련과 고객지향성의 관계에서 내면행동과 직무만족이 완전매개역할을 하였다.

안은선, 채재은(2018)은 요양보호사의 직무특성이 직무만족과 소진에 미치는 영향을 살펴보고, 이들의 관계에서 감정노동의 매개효과를 분석하였다. 요양보호사의 직무특성이 "직무만족, 소진, 감정노동"에 모두 유의한 영향을 미치고 있는 것으로 나타났다. 감정노동은 '직무만족'에는 유의한 영향을 미치지 못했으나, '소진'에는 유의한 영향을 미치는 것으로 나타났다. 그리고 직무특성이 직무만족과 소진에 미치는 영향에 대해서 '감정노동'은 간접매개효과를 갖는 것으로 나타났다. 이러한 결과는 요양보호사의 직무만족 향상과 소진 감소를 위해서는 직무 자체의 개선 외에도 감정노동을 최소화하기 위한 수퍼비전과 스트레스 조절교육을 강화할 필요가 있음을 시사한다. 더 나아가 요양보호사의 근로여건 개선을 개별 시설에만 맡길 것이 아니라 국가적 차원에서도 관심을 가질 필요가 있음을 보여준다.

윤성욱, 오나래, 정미애(2018)는 치과위생사의 근무특징과 환자유형에 따른 감정노동이 직무만족도에 미치는 영향을 조사하였다. 일반적인 특징에 따른 감정노동 전체평균은 2.85이며, 성별은 남성, 음주는 하는 경우 높았다. 일반적인 특징에 따른 직무만족도 전체평균 3.02이며 성별은 여성, 연령이 많은 경우, 결혼은 기혼이 높았다. 근무특성에 따른 감정노동은 치과위생사가 다른 직위보다 높았으며, 근무특성에 따른 직무만족도는 경력이 높을수록, 직위는 치과위생사, 수입은 많을수록 높았다. 환자유형별 감정노동은 남성환자, 연령은 20-64세, 진료시간대는 오후 7시 이후가 가장 높게 나타났다. 환자유형별 직무만족도는 환자

연령은 65세 이상, 치료종류는 치아우식 및 치주질환치료, 진료시간대는 오후 7시 이상, 경제수준은 '상'인 경우 높았다. 감정노동정도에 따른 직무만족도는 감정노동이 '보통'일 때 상승하였으나 '높은 군'에서는 가장 낮게 분석되었다. 근무특성, 환자유형, 감정노동이 직무만족도에 미치는 영향을 알아보기 위한 위계적 회귀분석결과 월 수입이 많은집단(t=1.994, p=.047), 환자나이가 많은집단(t=3.027, p=.003), 감정노동이 낮을수록(t=13.858, p=.000) 직무만족도가 높은 것으로 나타났다.

박광희와 김대관(2018)에 의하면, 감정부조화는 직무만족에 부정적 영향을 주는 것으로 파악되었으나 통계적으로는 유의하지 않게 나타났다. 반면에 감정노력은 직무만족에 통계적으로 유의한 양의 영향을 주는 것으로 파악되어 호텔 종사자 스스로 적극적인 감정노력을 시도할 경우 직무만족이 높아진다고 할 수 있다. 감정지능이 높은 그룹과 감정지능이 낮은 그룹, 두 그룹으로 나누어 차이 분석한 결과 감정지능이 높으면 감정노력과 직무만족의 관계에서 양의 조절효과가 있는 것으로 파악되었다. 그러나 감정부조화와 직무만족의 관계에서는 감정지능이 높은 경우와 낮은 경우 모두 음의 영향을 주지만 두 그룹 모두 통계적으로 유의하지 않은 것으로 확인되었다.

이선우와 박수경(2019)은 사회복지사가 경험하는 감정노동 중 표면행위와 내면행위가 소진의 세 가지 하위차원(정서적 탈진, 클라이언트 비인간화, 성취감 결여)을 경로로 직무만족에 미치는 영향을 검증하였다. 표면행위는 소진의 정서적 탈진, 클라이언트 비인간화, 개인적 성취감 결여를 경로로 직무만족에 부적인 영향을 미치는 것으로 나타났으며, 내면행위는 클라이언트 비인간화와 개인적 성취감 결여를 경로로 직무만족에 정적인 영향을 미치는 것으로 나타났다.

여수진(2020)은 임상간호사의 감정노동과 직무만족 관계에서 긍정심리자본의 매개효과를 분석하였다. 감정노동과 직무만족 관계에서 긍정심리자본의 매개효과는 Baron & Kenny의 3단계 절차를 이용한 위계적 회귀분석으로 검증하였다. 감정노동과 직무만족, 감정노동과 긍정심리자본은 음의 상관관계가 있었으며, 직무만족과 긍정심리자본은 양의 상관관계가 있었다. 또한 긍정심리자본은 감정노동과 직무만족 관계에서 부분매개효과가 있는 것으로 나타났다.

임혜숙과 송은주(2020)는 간호·간병통합서비스 병동 간호사의 감정노동, 강인성이 직무만족도에 미치는 영향을 분석하였다. 감정노동과 강인성은 음의 상관관계, 감정노동과 직무만족도는 양의 상관관계가 나타났다. 대상자의 직무만족도에 영향을 미치는 예측변수는 병동업무의 적성여부와 강직성으로 나타났다. 직무만족도의 설명력은 18.2%였다.

장하원과 이수범(2019)은 호텔 종사원의 Big5 성격유형이 직무적합성, 스트레스, 감정소진 및 직무만족에 미치는 영향에 대하여 분석하였다. Big5 성격유형 중 성실성(+), 외향성(-), 신경증(-)은 직무적합성에 유의한 영향을 미치고 있었다. 직무적합성은 스트레스와 감정소진에 각각 유의한 영향을 미치는 것으로 나타났다. 스트레스와 감정소진은 각각 직무만족에 유의한 영향을 준다는 결과를 확인하였다.

정지은과 최현경(2020)은 요양병원 간호사의 감정노동과 직무만족의 관계에서 회복탄력성의 매개효과를 확인하고, 회복탄력성 향상을 통해 직무만족도를 높이기 위한 중재프로그램 개발의 기초자료를 제공하기 위한 연구를 하였다. 요양병원 간호사의 감정노동은 직무만족에 부정적 영향을 미쳤고, 이 관계에서 회복탄력성이 부분 매개역할을 하였다. 이는 요양병원 간호사의 감정노동이 직무만족에 직접적으로 영향을 미칠 뿐만 아니라 감정노동이 회복탄력성을 통해서도 직무만족에 유의하게 영향을 미친다는 것을 의미한다.

2) 삶의 질

김효실(2014)은 탐색적 요인분석을 통해 감정노동은 두 개의 차원(감정부조화, 감정노력), 직무스트레스는 세 개 차원(업무관련, 고객관련, 환경관련), 심리적 웰빙은 여섯 개의 차원(소외, 개인성취감감소, 의존성, 환경통제력, 자아수용, 삶의 목적)으로 도출했다. 감정부조화는 고객관련 스트레스, 업무관련 스트레스, 환경관련 스트레스에 정의 영향을 미쳤으나, 감정노력은 직무스트레스에 영향을 미치지 않았다. 감정부조화는 소외, 개인성취감감소, 의존성에 정의 영향을 미쳤고, 감정노력은 삶의 목적과 환경통제력에 정의 영향을, 개인성취감 감소에는 부의 영향을 미쳤다. 고객관련 스트레스는 환경통제력에 부의 영향을 미치며, 업무관련 스트레스는 소외, 의존성, 개인성취감 감소에 정의 영향을 미쳤으나, 환경관련 스트레스는 심리적 웰빙에 영향을 미치지 않았다.

김효실과 차석빈(2014)에 의하면, 호텔직원의 감정노동은 2개 요인인 감정부조화, 감정노력으로 도출되었으며, 심리적 웰빙은 6개 요인인 삶의 목적, 자아수용, 환경통제력, 소외, 개인성취감 감소, 의존성으로 도출되었다. 감정부조화는 소외, 개인성취감 감소, 의존성에 정의 영향을 미쳤고, 감정노력은 심리적 웰빙 전체에 영향을 미쳤으며, 삶의 목적, 자아수용, 환경통제력에 정의 영향을, 소외, 개인성취감 감소, 의존성에는 부의 영향을 미쳤다.

신해진, 김계하(2015)는 정신간호사의 감정노동과 전문직 삶의 질 정도를 알아보고 전문직 삶의 질에 영향을 미치는 요인을 분석하였다. 감정노동과 전문직 삶의 질(공감만족, 이차성 외상스트레스) 간에는 유의한 상관관계가 있었다. 공감만족에 영향을 미치는 요인은 교육, 비교대 근무, 감정노동이었다. 소진에 영향을 미치는 요인은 정신과 임상경력과 일 년 동안 제공받은 교육이나 프로그램의 횟수였으며, 이차성 외상스트레스에 영향을 미치는 요인은 감정노동이었다. 감정노동은 공감만족과 이차성 외상스트레스의 주요 예측요인인 것으로 나타났으므로 대상자들의 감정노동을 감소시키고, 전문직 삶의 질을 높여줄 수 있는 중재가 필요하다.

김미숙, 정현정, 허은경(2016)은 감정노동이 행복에 주는 영향에서 직무스트레스의 매개효과를 알아보기 위하여 Baron and Kenny의 매개효과 검증을 하였다. 감정노동의 하위요인인 자연적, 내면적, 표면적 행동과 행복의 관계에서 직무스트레스의 매개효과를 검증한 결과 직무스트레스는 자연적 행동, 내면적 행동과 행복의 관계에서 매개역할을 하는 것으로 나타났다. 이는 자연적, 내면적 행동의 감정노동을 통해 행복감이 증가하는 과정에서 직무스트레스가 높아지면 행복감이 감소함을 시사한다.

이지우, 장영혜, 강인호(2016)는 서비스 직원들의 감정노동과 직무몰입 그리고 직무몰입과 삶의 만족 간의 관계를 분석하고 감정노동과 삶의 만족 간 관계에서 직무몰입의 매개역할을 살펴보았다. 서비스 산업에서 감정노동을 담당하고 있는 여성 직원들을 대상으로 대인면접법을 통해 수집된 자료를 분석한 결과 표면연기는 직무몰입에 부정적 영향을 미치는데 반해 내면연기는 직무몰입에 긍정적 영향을 주는 것으로 확인되었다. 그리고 직무몰입 정도가 높을수록 삶의 만족도 높은 것으로 나타났다. 이와 함께 조직의 요구에 맞도록 자신의 감정변화를 이끌어내 고객에게 서비스를 제공하는 내면연기는 직무몰입의 매개를 통해 높은 삶의 만족으로 이어지는데 반해, 고객에게 서비스를 제공할 때 조직이 요구하는 감정을 밖으로 드러내는데 그치는 표면 연기는 직무몰입을 연결고리로 삶의 만족에 영향을 주지 못하는 것으로 밝혀졌다. 이러한 연구결과는 서비스 제공을 위해 감정노동을 수행하고 있는 직원들의 삶의 만족을 향상시키기 위해서는 조직의 표현규칙이 요구하는 감정을 내면으로 수용하면서 표현하는 내면연기의 촉진과 직무에 대한 의미감과 책임감 등을 느낄 수 있는 기회가 중요하다는 것을 시사하고 있다.

심윤정과 오홍철(2016)은 호텔종사원들의 감정노동으로 인한 직무스트레스, 직무만족, 이직의도에 미치는 구조적 영향관계를 분석했다. 호텔종사원의 내면행위 감정노동은 직무스트레스에 부의 영향을 미치는 것으로 나타났고, 표면행위 감정노동은 직무스트레스에 정의 영향을 미쳤다. 호텔종사원의 내면행위 감정노동은 직무만족에 정의 영향을 미치는 것으로 나타났지만, 표면행위 감정노동은 호텔종사원의 직무만족에 부의 영향을 미치지 않았다. 호텔종사원의 내면행위 감정노동은 이직의도에 부의 영향을 미치지 않는 것으로 나타났고, 표면행위 감정노동은 이직의도에 정의 영향을 미치는 것으로 나타났다. 호텔종사원의 직무스트레스는 직무만족에 부의 영향을 미치고, 직무스트레스는 이직의도에 정의 영향을 미치는 것으로 나타났다. 호텔종사원의 직무만족은 이직의도에 부의 영향을 미쳤다.

장정애(2017)는 서울과 인천 지역의 장기요양시설의 요양보호사 400명을 대상으로 감정노동이 행복감에 미치는 영향을 파악하고 자기위로능력의 매개효과를 검증하며 종사자를 제도적으로 보호할 수 있는 방향을 탐색하였다. 감정노동은 행복감과 자기위로능력에 부적영향을 미쳐, 감정노동을 할수록 행복감이 낮아지는 효과가 있었다. 자기위로능력은 감정노동과 행복감 간에 부분매개효과가 있었다.

김근혜(2018)는 유아교사의 감정노동이 행복에 주는 영향에서 직무스트레스의 매개효과를 분석하였다. 유아교사의 감정노동, 직무스트레스, 행복은 유의한 상관이 있었다. 유아교사의 직무스트레스는 감정노동과 행복의 관계에서 매개효과를 미쳤다.

콜센터 여성상담사를 연구한 황민정과 김현아(2019)에 의하면, 감정부조화는 진정성 및 삶의 만족도에 부적 상관관계를 보였다. 진정성은 감정부조화가 삶의 만족도에 미치는 영향을 완전 매개하는 것으로 밝혀졌다.

김환, 한수미, 최혜라(2019)는 근로자의 유형을 나누어 감정노동의 차이를 검증하고, 감정노동이 우울과 삶의 질에 미치는 영향을 분석했다. 고객응대의 과부하 요인은 서비스직에서 다른 세 집단에 비해 높았고 감정조절의 요구와 규제, 감정 부조화, 우울은 서비스직과 주부 집단에서 높게 나타났다. 다중회귀분석을 한 결과 감정부조화가 우울을 상승시키고 삶의 질을 저하시키는 한편, 지지와 보호는 삶의 질을 향상시키고 우울은 저하시켰다.

최혜지(2019)는 사회복지사의 감정노동은 경영 담론의 틀 내에서 사유되어 왔으며 감정의 사회성에도 불구하고 사회적 요인은 배제된 채 논의되어 왔다는 문제의식에 기초하여 감정노동의 영향을 사회복지사의 삶으로 확장하여 규명하고, 사회복지사의 전문가적 지위가 감정노동의 과정에 미치는 영향을 분석했다. 감정노동은 감정손상을 매개로 사회복지사의 삶의 만족도를 유의미하게 낮추었으며, 사회복지사가 인식한 전문가적 지위는 감정노동이 감정손상에 미치는 영향을 완화하고 동시에 감정손상을 매개로 삶의 만족도에 유의미한 영향을 미치는 조절된 매개효과가 있음을 확인했다.

조경숙과 김윤미(2019)는 보건간호사의 감정노동과 직무 스트레스가 전문직 삶의 질에 미치는 영향을 파악하기 위해 단계적 회귀분석을 실시하였다. 전문직 삶의 질의 하위영역인 공감만족에 영향을 미치는 요인은 고용형태와 소진으로 나타났고 설명력은 20.0%였다. 고용형태가 정규직일수록 공감만족이 떨어지고, 소진이 낮을수록 공감만족은 좋은 것으로 나타났다. 이차 외상성 스트레스에 영향을 미치는 요인은 소진, 직무 스트레스, 감정노동이었으며 설명력은 44.0%였다. 소진, 직무 스트레스, 감정노동의 강도가 높아지면 이차 외상성 스트레스가 증가하였다. 소진에 영향을 미치는 요인은 이차 외상성 스트레스, 공감만족으로 나타났고 두 변수의 설명력은 52.0%였다.

배성훈, 조추용, 박진홍, 이현주(2019)는 노인복지시설 종사자들의 감정노동과 직무스트레스가 심리사회적 안녕감에 미치는 영향을 살펴보았다. 감정노동 중 표면행위와 직무 스트레스의 역할모호, 역할과다는 그 정도가 증가할수록 종사자의 심리사회적 안녕감을 감소시키는 것으로 나타났다. 그러나 감정노동 중 내면행위는 그 정도가 증가할수록 심리사회적 안녕감을 증가시켰으나, 직무 스트레스의 역할갈등은 심리사회적 안녕감에 통계적으로 유의미한 영향을 미치지 못하였다.

이재원과 오상진(2019a)은 서비스업 종사자의 인지된 행복이 이직의도에 미치는 영향을 검증해 보고 그 관계에서 직무스트레스와 최근 이슈가 되고 있는 일과 삶의 균형의 다중매개효과를 실증하고자 수행되었다. 연구 모형은 인과관계 가설과 함께 다중매개효과 검증을 위한 가설로 설계하였다. 첫째, 조직구성원의 행복수준이 높을수록 이직의도는 감소하는 것으로 나타났다. 둘째, 구성원의 행복수준이 높을수록 직무스트레스는 감소하며 일과 삶의 균형은 높아지는 것으로 나타났다. 셋째, 구성원의 직무스트레스가 낮을수록, 그리고 일과 삶의 균형이 높을수록 이직의도가 낮아지는 현상을 나타내었다. 넷째, 구성원의 행복과 이직의도 간의 영향 관계에서 직무스트레스와 일과 삶의 균형은 각각 매개효과와 함께 다중매개효과를 가지는 것으로 나타났다. 본 연구를 통해, 조직구성원들의 행복은 직무스트레스를 낮추고 또한 일과 삶의 균형 수준을 증진시키며 이들을 매개로하여 구성원들의 이직의도를 낮추는 '행복의 선순환' 체계를 확인할 수 있었다.

이재원과 오상진(2019b)은 콜센터 종사자의 감정노동이 행복에 미치는 영향과 함께 일과 삶의 균형의 조절효과, 직무스트레스의 조절된 매개효과를 검증했다. 감정노동은 직무스트레스에 정(+)의 영향을 미쳐서 감정노동 수준이 높으면 직무스트레스가 증가한다는 소외가설이론을 지지하였다. 그러나 조직구성원의 인지된 행복에는 유의한 영향을 미치지 않았다. 직무스트레스는 행복에 부(-)의 영향을 미치고, 매개효과 분석 결과, 감정노동은 직무스트레스를 경유하여 행복에 영향을 주는 매개효과가 확인되었다. 조절효과 분석 결과, 종사자들의 직무스트레스가 증가하면 종사자들의 행복 수준이 점차 저하되는데, 이러한 영향은 종사자들의 일과 삶의 균형 수준이 증가하면서 점점 완화되는 조절효과가 나타났다. 하위차원에서는 일-성장 균형, 일-여가 균형에서는 조절효과가 나타나지 않았고, 일-가정 균형에서만 조절효과가 나타났는데, 이는 종사자들 대다수가 여성이며 40세 이상이고 과반수가 기혼임을 고려할 때, 개인 성장이나 여가 보다는 육아 등 가정문제를 우선시하기 때문으로 해석된다. 직무스트레스는 감정노동과 종사자들의 인지된 행복 간에 일과 삶의 균형에 의해절된 매개효과를 갖는 것으로 나타났다.

원영순과 박아름(2019)은 치과위생사의 정서, 감정노동, 행복지수와 재직의도의 관계를 파악하고 영향을 미치는 요인을 분석하여 치과위생사의 재직의도를 향상시킬 수 있는 방안을 제시하였다. 기혼인 경우(p<.001), 긍정적인 정서일수록, 감정표현의 빈도가 낮을수록, 삶의 만족 행복지수와 심리적 행복지수(p=.012)가 높을수록 치과위생사의 재직의도가 높은 결과를 보였다.

김나경, 이동귀(2019)는 발달장애 특수학교교사의 감정노동(표면행동, 내면행동)이 소진과 행복에 미치는 영향과 그 관계에서 긍정심리자본과 사회적 지지의 조절효과를 확인하여, 특수교사의 감정노동 유형에 따른 소진을 감소시키고 행복감을 증진하는 방안을 모색하였다. 감정노동과 소진 및 행복의 관계에서 사회적 지지와 긍정심리자본의 조절효과를 확인하기 위하여 위계적 중다회귀분석을 실시하였다. 연구결과 첫째, 특수교사의 감정노동 유형 중 표면행동은 소진과 정적 상관을, 내면행동은 행복과 정적 상관을 보였다. 둘째, 특수교사의 표면행동이 소진에 미치는 영향에서 사회적 지지의 조절효과가 유의하였다. 셋째, 특수교사의 내면행동이 행복에 미치는 영향에서 긍정심리자본의 조절효과가 유의하였다.

이지영과 정원호(2019)는 감정노동 상황에 초점을 맞춰 감정노동자의 행복이 직무성과를 가져오는가에 답하고자 하였다. 구체적으로 그들 연구에서는 수입전자제품 서비스센타 접수원을 대상으로 이루어진 두 차례에 걸친 설문조사를 통해 연구를 수행하였다. 우선, 감정노동자들이 수행하는 감정노동 전략이 감정노동자의 행복과 직무성과에 미치는 영향을 살펴보고자 하였고, 다음으로는 행복이 감정노동 전략과 직무성과 간의 관계에서 매개하는지 구조방정식 분석을 통해 검증하였다. 분석결과, 감정노동 전략이 감정노동자의 심리적 상태에 대한 연구에 비해 많은 연구가 축적되지 않았던 감정노동전략과 직무성과 간의 관계에 대한 검증에서는 가설과 다르게, 표면행동과 내면행동 모두 직무성과에 유의한 결과를 나타내지 못하였다. 감정노동 전략과 행복 간의 관계에서는 감정노동 전략 가운데 감정노동 내면행동만이 행복에 유의한 정적 영향을 미쳤으며, 행복은 접수원들의 상사들이 평가한 직무성과와 유의한 정적 관계를 보여 감정노동의 내면행동과 직무성과 간의 관계를 완전 매개하는 것으로 나타났다. 이는 감정노동자가 고객을 대할 때 자신의 내적 정서를 통제하여 보이고 싶은 감정을 실제로 느껴 행하는 경우에 행복을 느끼고, 이것이 직무성과로 연결된다는 것이다. 요약하면, 감정노동 전략은 직무성과에 직접적으로 영향을 주지 못하고, 감정노동자가 내면행동을 하는 경우 행복을 경험하여 이것이 직무성과를 향상시키는 것으로 확인되었다.

지명원과 이주연(2020)은 감정노동자인 보육교사의 셀프리더십이 마음챙김에 미치는 영향을 살펴봄으로써 마음챙김을 긍정적으로 개선시키기 위한 셀프리더십의 강화방안을 모색하였다. 셀프리더십의 3개 하위요인인 행동적 중심전략, 자연적 보상전략, 건설적 사고전략은 각각 마음챙김에 모두 유의미한 정적 영향을 미치고 있는 것으로 나타났다.

장영혜와 김판수(2020)는 서비스 업종의 고객접점에서 근무하고 있는 여성 직원들의 일과 삶의 만족, 그리고 감정노동에 있어서 마음챙김을 통한 정서지능의 역할을 확인하였다. 공변량구조분석을 통해 변수들 간의 관계를 확인하고, 간접효과의 통계적 유의성을 통해 정서지능의 매개효과를 검증하였다. 마음챙김은 타인정서인식을 제외한 모든 유형의 정서지능 유형에서 긍정적 영향을 미치는 것으로 확인되었다. 그리고 마음챙김과 삶의 만족 및 감정노동간의 관계에서는 직접적 효과보다는 정서지능의 매개효과가 더욱 유효한 것으로 나타났다. 정서지능은 개별 유형에 따라 삶의 만족과 감정노동에 미치는 영향에는 차이가 있는 것으로 확인되었는데, 정서지능 가운데 정서활용만이 삶의 만족에 긍정적 영향을 미치는 것으로 나타났다. 그리고 감정노동에 대해서는 타인정서인식과 정서조절만이 심층연기에 긍정적 영향을 미치는 것으로 나타났으며, 표면연기에서는 정서조절만이 긍정적 영향을 미치는 것으로 확인되었다.

김주연과 권오혁(2020)은 미용서비스 종사자의 서비스 근무 환경에서 겪는 감정노동이 직무소진과 삶의 질에 미치는 영향을 분석하였다. 스텝 급의 '일을 통한 행복추구'는 감정노동 중에서도 '고객관계소진'에 의해 31.8% 설명되며, 이들은 '고객관계소진'이 증가할수록 '일을 통한 행복추구'도 증가하였다. '일과 삶의 불균형'은 두 가지 감정노동에 의해 57.6% 설명되며, 특히 '감정소진'이 증가할수록 '일과 삶의 불균형'도 증가하였다. '일과 삶의 균형'은 두 가지 감정노동 요인에 의해 28.5% 설명되며, 특히 '동료관계소진'이 증가할수록 '일과 삶의 균형'은 감소하였다. '일과 삶의 구분'은 세 가지 직무소진 요인에 의해 39.1% 설명되며, 특히 '육체소진'이 증가할수록 '일과 삶의 구분'도 증가하였다. 디자이너 급의 '일을 통한 행복추구'는 두 가지 감정노동 요인에 의해 44.3% 설명되며, 특히 '고객관계소진'이 증가할수록 '일을 통한 행복추구'도 증가하였다. '일과 삶의 불균형'은 세 가지 감정노동에 의해 58.2% 설명되며, 특히 '동료관계소진'이 증가할수록 '일과 삶의 불균형'도 증가하였다. '일과 삶의 구분'은 세 가지 직무소진 요인에 의해 45.9% 설명되며, 특히 '육체소진'이 증가할수록 '일과 삶의 구분'도 증가하였다. 실장급의 '일을 통한 행복추구'는 두 가지 감정노동 요인에 의해 54.7% 설명되며, 특히 '고객관계소진'이 증가할수록 '일을 통한 행복추구'도 증가하였다. '일과 삶의 불균형'은 세 가지 감정노동에 의해 61.7% 설명되며, 특히 '감정소진'이 증가할수록 '일과 삶의 불균형'도 증가하였다. '일과 삶의 균형'은 세 가지 직무소진 요인에 의해 22.9% 설명되며, 특히 '감정소진'이 증가할수록 '일과 삶의 구분'은 감소하였다. '일과 삶의 구분'은 세 가지 직무소진 요인에 의해 52.5% 설명되며, 특히 '감정소진'이 증가할수록 '일과 삶의 구분'은 감소하였고, '육체소진'이 증가할수록 '일과 삶의 구분'도 증가하였다. 원장 급의 일을 통한 행복추구'는 세 가지 감정노동 요인에 의해 28.4% 설명되며, 특히 '고객관계소진'이 증가할수록 '일을 통한 행복추구'도 증가하였다. '일과 삶의 불균형'은 세가지 감정노동에 의해 33.9% 설명되며, 특히 '동료관계소진'이 증가할수록 '일과 삶의 불균형'도 증가하였다.

2. 울산 감정노동자의 생활만족도 실태

1) 직장생활 만족도

<표9-1> 직장생활 만족도에 대한 일반적 수준(7점 척도)

문 항	M(SD)
평상시 직장생활 만족도는 어느 정도인지 답해주시기 바랍니다.	4.22(1.17)

조사대상자들의 직장생활 만족도는 7점 기준으로 4.22점으로 나타나서 대략 보통수준으로 조사되었다. 가정생활 만족도 평균점수(4.81점)와 비교했을 때, 직장생활 만족도 평균이 약간 낮게 나타났다.

<표9-2>는 인구사회학적 변수에 따른 감정노동자들의 직장생활 만족도의 차이를 분석한 결과이다. 월평균 총수입을 제외한 다른 변수들에 따라 유의한 차이는 없는 것으로 나타났다. 월평균 총수입의 경우 300만원 이상이 직장생활 만족도가 가장 높았

고 다음이 100만원 미만으로 나타났다. 반면에 100~200만원 미만의 집단이 직장생활 만족도가 가장 낮게 나타났다. 그러나 월평균 총수입 각 집단간 차이는 통계적으로 유의하지는 않았다.

<표9-2> 인구사회적 변수에 따른 직장생활 만족도

독립변수		평균	독립변수		평균
성별	남성	4.28	결혼지위	미혼	4.18
	여성	4.18		기혼	4.28
	t값	0.504		t값	-0.625
연령	20대	4.18	교육수준	고졸	4.19
	30대	4.38		전문대졸	4.54
	40대	4.06		대졸이상	4.15
	50대 이상	4.31			
	F값	0.583		F값	1.226
근무경력	1년 미만	4.02	1일 응대시간	6시간 이하	4.38
	1~3년 미만	4.11		6~8시간 이하	4.08
	3~8년 미만	4.36		8시간 초과	4.32
	8년 이상	4.33			
	F값	1.055		F값	1.606
직종	판매직	4.23	월평균 총수입	100만원 미만	4.29
	고객상담	4.63		100~200만원 미만	3.93
	기타	4.11		200~300만원 미만	4.19
				300만원 이상	4.53
	F값	1.624		F값	2.748*

*$p<0.05$

2) 가정생활 만족도

<표9-3> 가정생활 만족도에 대한 일반적 수준(7점 척도)

문　　항	M(SD)
평상시 가정생활 만족도는 어느 정도인지 답해주시기 바랍니다.	4.81(1.27)

감정노동자들의 가정생활 만족도를 측정한 결과, 7점 기준으로 4.81점으로 나타나서 보통보다 약간 만족하는 것으로 조사되었다.

<표9-4>는 인구사회학적 변수에 따른 감정노동자들의 가정생활 만족도의 차이를 분석한 결과이다. 1일 응대시간을 제외한 다른 변수들은 유의한 차이가 없었다. 1일 응대시간의 경우 응대시간이 짧을수록 가정생활 만족도가 높게 나타났다. 즉 1일 응대시간이 6시간 이하인 경우가 가정생활 만족도가 가장 높았고 다음이 8시간 초과, 6~8시간 순으로 나타났지만 각 시간별 가정생활 만족도는 유의한 차이가 없는 것으로 분석되었다.

<표9-4> 인구사회적 변수에 따른 가정생활 만족도

독립변수		평균	독립변수		평균
성별	남성	4.88	결혼지위	미혼	4.88
	여성	4.77		기혼	4.70
	t값	0.620		t값	1.074
연령	20대	4.94	교육수준	고졸	4.93
	30대	4.72		전문대졸	4.54
	40대	4.47		대졸이상	4.72
	50대 이상	4.78			
	F값	1.348		F값	1.401
근무경력	1년 미만	4.74	1일 응대시간	6시간 이하	5.13
	1~3년 미만	4.94		6~8시간 이하	4.67
	3~8년 미만	4.75		8시간 초과	4.79
	8년 이상	4.78			
	F값	0.359		F값	2.761*
직종	판매직	4.86	월평균 총수입	100만원 미만	4.04
	고객상담	5.05		100~200만원 미만	4.70
	기타	4.70		200~300만원 미만	4.77
				300만원 이상	4.78
	F값	0.815		F값	0.441

*$p<0.05$

참고문헌

강서영. (2019). 간호대학생의 의사소통능력, 회복탄력성, 임상실습교육환경이 감정노동에 미치는 영향. 학습자중심교과교육연구, 19(8), 181-198.

강성호, 허원무, & 박경도. (2015). 중국 서비스 종업원들의 직무성과와 이직의도에 미치는 감정노동과 감정소모의 영향: 지각된 조직지원의 조절효과. 한국산업정보학회논문지, 20(4), 89-102.

강성호, 허원무, & 박경도. (2016). 서비스 종업원의 내재적 동기가 감정노동과 직무성과에 미치는 효과에 관한 연구: 선행과 조절효과를 중심으로. 마케팅관리연구, 21(1), 1-27.

강소영. (2015). 간호학생의 감정노동이 소진에 미치는 영향: 감성지능의 조절효과. 간호행정학회지, 21(1), 77-87.

강원경, 김민수, & 오원경. (2012). 감정 노동에서 표현 규칙의 공정성에 대한 지각과 문제 중심 스트레스 대처의 조절효과에 관한 연구. 한국경영과학회지, 37(2), 57-72.

강철희, & 김유나. (2016). 요양보호사의 정서적 탈진 연구: 감정노동과 직무환경의 상호작용효과 분석. 한국사회복지행정학, 18(2), 235-266.

강한철, & 오종철. (2014). 컨택센터 상담사의 감정노동, 직무소진, 자기효능감, 이직의도간의 관계 연구: 슈퍼리더십의 조절효과를 중심으로. 기업경영연구 (구 동림경영연구), 58, 61-80.

강현수, & 신호철. (2019). 서비스직 종사자들의 감정노동과 서비스지향 OCB의 관계: 직무소진의 매개효과 및 조직지원인식의 조절효과. 서비스경영학회지, 20(5), 183-210.

고경동. (2015). 지역사회서비스 종사자의 감정노동과 프로세스 분석. 지방행정연구, 29(2), 211-241.

고보경, 정현주, & 전재균. (2013). 항공사 승무원의 감정노동과 직무만족 및 직무성과와의 관계에서 감정소진의 매개효과. 관광레저연구, 25(8), 337-353.

고재욱. (2013). 사회복지사의 감정노동에 관한 연구. 한국케어매니지먼트 연구, 9, 65-94.

고재욱. (2014). 요양보호사의 감정노동 구성요소가 직무만족과 이직의도에 미치는 영향에 관한 연구. 한국케어매니지먼트 연구, 11, 1-20.

공지은, & 김상덕. (2019). 교육서비스 제공자 감정소진의 선행요인에 대한 연구. 유통물류연구, 6(3), 37-60.

공혜원, & 김효선. (2014). 직장 내 정서 경험에 따른 감정노동 프로세스 모델 구축에 관한 연구: 근거이론을 중심으로. Korea Business Review, 18(4), 325-356.

공혜원, & 김효선. (2016). 감정노동 및 정서상태가 직장 내 행동에 미치는 효과에 대한 연구: 일지조사법을 이용한 정서상태의 매개효과. 인사조직연구, 24, 9-38.

곽묘묘, 오현성, & 이강수. (2017). 감정노동이 직무스트레스와 직무만족에 미치는 영향: 조직동일시로 인한 직무스트레스의 조절된 매개효과. 인적자원개발연구, 20(2), 135-159.

구정순, & 김선호. (2018). 임상간호사의 감정노동과 건강증진행위가월경전증후군에 미치는 영향. 한국산학기술학회논문지, 19(5).

권도희, & 조철호. (2020). 아파트 경비원의 감성지능에 따른 감정노동이 직무소진과 고객지향성에 미치는 영향. 글로벌경영학회지, 17, 229-252.

권용덕, 정기주, & 허경옥. (2016). 소비자상담사의 성격, 직무특성이 감정노동과 직무만족도에 미치는 영향 분석-식품사 고객센터 상담사를 대상으로. 소비자정책교육연구, 12(2), 39-60.

권순만, 전순득, & 고재욱. (2015). 사회복지사의 감정노동이 직무만족에 미치는 영향에 대한 위험요인의 매개효과 연구. 한국케어매니지먼트 연구, 16, 83-100.

권영은. (2018). 임상간호사의 감정노동, 회복탄력성 및 심리적 안녕에 관한 연구. 한국산학기술학회논문지, 19(2), 339-346.

권오영, & 김용순. (2015). 감정노동과 직무만족, 서비스 품질 및 직무성과 간의 관계. 관광레저연구, 27(8), 123-136.

권우석, 김예진, & 이규민. (2016). Hospitality 종사원의 감정노동과 결과 변인에 대한 메타분석-국내 연구를 중심으로. 관광학연구, 40(9), 51-68.

김경은, & 조성도. (2013). 서비스 종업원의 목표지향성과 고객지향성이 감정노동과 직무만족에 미치는 영향. 마케팅논집, 21(1), 1-21.

김경하. (2019). 임상간호사의 감정노동과 사회적 지지가 직무배태성에 미치는 영향에 관한 융합연구. 한국융합학회논문지, 10(8), 309-316.

김경희, 송진영, & 박용순. (2017). 보육교사의 감정노동이 직무소진에 미치는 영향: 조직지원인식의 조절효과를 중심으로. GRI 연구논총, 19(3), 419-445.

김고은, 박연주, & 고은주. (2014). 감정노동자인 요양보호사의 경험에 관한 연구. 한국케어매니지먼트 연구, 12, 103-119.

김광수, 안성근, & 이준재. (2013). 카지노 딜러의 감정노동, 감정부조화, 소진이 이직의도에 미치는 영향. 관광연구저널, 27(1), 467-481.

김근혜. (2018). 유아교사의 감정노동과 행복의 관계에서 직무스트레스의 매개효과. 한국영유아보육학, 109, 1-19.

김나경, & 이동귀. (2019). 특수교사의 감정노동이 소진과 행복에 미치는 영향: 긍정심리자본과 사회적 지지의 조절효과. 특수교육, 18(4), 5-30.

김다래. (2016). 유치원 교사들이 경험하는 감정노동에 대한 연구. 생태유아교육연구, 15(4), 219-248.

김다미, 정현선, & 박동건. (2016). 상사의 비인격적 감독이부하의 일-가정 갈등 및 대인 일탈행동에 미치는 영향에서의매개 및 조절효과 연구. 한국심리학회지: 문화 및 사회문제, 22(1), 87-118.

김동준, 강희석, & 서예정. (2019). 숲 치유를 통한 감정노동의 질적 연구: 여행사 종사원을 중심으로. 한국엔터테인먼트산업학회논문지, 13(2), 47-56.

김동현, & 이재모. (2014). 보육교사의 감정노동이 직무만족과 이직의도에 미치는 영향 연구. 유아교육·보육복지연구, 18(4), 419-435.

김명식, 임근욱, & 임근성. (2018). 골프장 종사원들의 감정노동이 직무스트레스, 직무소진 및 이직의도에 미치는 영향 연구. 관광연구저널, 32(3), 183-198.

김미로, 서은주, & 신성희. (2019). 응급실 간호사의 감정노동, 전문직 자아개념, 자기 효능감, 사회적 지지가 소진에 미치는 영향. 스트레스 , 27(4), 404-411.

김미숙, 정현정, & 허은경. (2016). 보육교사의 감정노동과 행복의 관계: 직무스트레스의 매개효과. 한국영유아보육학, 100, 151-175.

김미향, & 이현진. (2016). 사립유치원 교사들이 경험하는 부모와의 관계 탐색-감정노동의 관점에서. 열린부모교육연구, 8(1), 79-104.

김민, & 탁진국. (2020). 구급대원의 감정노동의 어려움에 대한 현상학적 연구. 한국심리학회지: 건강, 25(2), 337-361.

김민정, & 신동주. (2018). 카지노 종사자의 감정노동이 직무스트레스, 감정소진, 이직의도에 미치는 영향. 관광연구저널, 32(11), 97-110.

김민주. (2017). 감정노동의 재개념화에 관한 논의. 경영컨설팅연구, 17(2), 73-87.

김병천, & 배경원. (2020). 국가자격검정 공공서비스 직원의 감정노동과 직무소진이 조직유효성에 미치는 영향. 대한경영학회지, 33, 147-165.

김보연, & 신효정. (2016). 초등교사의 감정노동이 소진에 미치는 영향: 감정부조화와 교사효능감의 매개효과. 한국교육학연구 (구 안암교육학연구), 22(1), 211-232.

김봉곤, & 조용범. (2015). 오픈 주방 종사원의 감정노동이 직무만족과 고객지향성에 미치는 영향. Culinary Science & Hospitality Research, 21(2), 27-40.
김상두, & 김정혜. (2019). 골프장 캐디의 감정노동과 직무스트레스 및 직무소진과의 관계. 한국스포츠학회, 17(2), 295-304.
김상범, & 임은정. (2016). 객실승무원의 감정노동, 직무스트레스, 피로관리와 직무만족 간의 관계성 연구: K 항공사 승무원을 대상으로. 관광연구저널, 30(12), 137-151.
김성연, & 박종철. (2019). 병원 서비스 종사자의 감정노동이 직무열의와 고객지향성에 미치는 영향. 상품학연구, 37, 95-106.
김성환, & 이시경. (2019). 감정노동과 조직효과성 간 조직지원인식의 조절효과에 관한 연구-대구시 경찰공무원을 중심으로. 정책개발연구, 19(1), 193-219.
김수지, 오영아, & 이명선. (2015). 감정노동 여성근로자의 직종에 따른 직무특성과 직무스트레스 수준. Crisisonomy, 11(3), 231-246.
김신향, & 함연숙. (2015). 간호사의 감정노동과 관련된 변인의 메타분석. 간호행정학회지, 21(3), 263-276.
김용순. (2015). 호텔기업의 감정노동과 일-가정 갈등 및 이직의도 간의 관계. 관광레저연구, 27(3), 41-55.
김이수, & 고미애. (2017). 5 성급 호텔 종사원의 감정노동이 소진과 조직몰입에 미치는 영향. 관광연구저널, 31(3), 151-165.
김인선. (2015). 직무요구-자원 이론에서의 감정노동전략의 역할. 한국콘텐츠학회논문지, 15(6), 432-444.
김자숙, 정선영, 김수현, & 김자옥. (2014). 요양병원 간호사의 감정노동과 직무 스트레스가 소진에 미치는예측 요인. 노인간호학회지 제, 16(2).
김정오, 문희, & 박옥임. (2018). 요양보호사의 감정노동과 소진과의 관계에서 자기효능감의 조절효과. 보건사회연구, 38(1), 302-334.
김종우, & 김왕배. (2016). 감정노동 담론의 경합과 공존: 의미연결망을 통한 유형분석을 중심으로. 한국사회학, 50(1), 163-188.
김주연. (2014). 피부미용사의 직무스트레스가 감정노동에 미치는 영향. 한국미용학회지, 20(1), 51-61.
김주연, & 권오혁. (2020). 미용서비스 종사자의 직급별 감정노동과 직무소진이 일과 삶의 질에 미치는 영향 연구. 한국미용학회지, 26(4), 872-885.
김지태, & 심영균. (2018). 장애인태권도 지도자의 역할스트레스가 감정노동과 번아웃 증후군에 미치는 영향. 한국체육학회지, 57(6), 323-334.
김진경, & 왕수명. (2019). 환대산업 서비스 접점 종사원의 감정노동에 대한 비교 연구: 호텔과 항공사. 관광학연구, 43(4), 53-70.
김태형, & 손인봉. (2019). 장애인 직업재활시설 종사자가 지각한 감정노동과 조직시민행동의 관계에서 자기효능감의 매개효과. 장애와 고용, 29(2), 165-189.
김학권, 조형수, & 윤상영. (2015). 스포츠센터 지도자의 감정노동과 직무만족 및 고객지향성의 구조적 관계. 한국사회체육학회지, 62, 335-346.
김형룡. (2018). 생활체육 스포츠지도자의 감정노동, 직무스트레스, 직무소진 및 조직유효성의 관계. 한국스포츠학회지, 16(2), 229-241.
김혜진, 노은영, 정세정, & 유진선. (2014). 사회복지사의 감정노동 경험에 관한 현상학적 연구: 종합사회복지관을 중심으로. 한국사회복지행정학, 16(4), 163-195.
김환, 한수미, & 최혜라. (2019). 서비스직과 비서비스직의 감정노동 및 감정노동이 우울과 삶의 질에 미치는 영향. 한국산학기술학회논문지, 4(20), 177-188.
김효실. (2014). 감정노동이 직무스트레스와 심리적 웰빙에 미치는 영향. 관광학연구, 38(8), 321-344.
김효실, & 차석빈. (2014). 호텔 직원의 감정노동이 심리적 웰빙에 미치는 영향. 외식경영연구, 17, 93-112.
김희경, & 고재욱. (2015). 노인복지관 사회복지사의 감정노동이 직무만족과 이직의도에 미치는 영향에 관한 연구. 한국케어매니지먼트 연구, 17, 55-79.
김희정, & 장순호. (2017). 태권도지도자의 감정노동과 번아웃이 감정일탈에 미치는 영향. 국기원태권도연구, 8(2), 35-53.
김희진, & 김혜영. (2017). 요양병원 간호사의 감정노동, 직무스트레스 및 전문직 삶의 질.
나병진, & 김은정. (2016). 간호사의 감정노동, 직무 스트레스와 이직의도 관계에서 직장-가정 갈등의 메개 및 조절효과. 간호행정학회지, 22(3), 260-269.
노진희, & 나연경. (2015). 병원간호사의 폭력경험, 감정노동, 직무 스트레스가 우울에 미치는 영향. 한국직업건강간호학회지, 24(3), 153-161.
도기현, 원영신, & 이민규. (2015). 노인체육지도자들의 감정노동과 감정부조화 그리고 직무소진의 관계. 한국사회체육학회지, 61, 483-492.
도재수, & 김경석. (2019). 서비스업 종업원의 감정노동 연구: Q 방법론의 적용. 사회과학연구, 58(1), 281-300.
류동수, & 김수정. (2016). 태권도장지도자의 감정노동과 직무소진에 관한 사례연구. 한국콘텐츠학회논문지, 16(8), 611-623.
류상일, & 권숭. (2018). 공공부문 종사자의 감정노동이 직무스트레스에 미치는 영향: 소방공무원을 중심으로. 한국융합과학회지, 7(3), 153-167.
류숙진. (2015). 보험사의 감정노동 관리와 노동자 반응: A 생명보험사 사례연구. 한국사회학, 49(1), 213-258.
류영옥, & 고은. (2015). 중소병원 간호사의 감정노동과 간호전문직관이 직무만족에 미치는 영향. 기본간호학회지, 22(1), 7-15.
류태모, 위희경, & 정현우. (2014). 감정노동행동이 직무만족에 미치는 영향-감성리더십과 임파워먼트의 조절효과. 인적자원관리연구, 21(3), 435-460.
문현주, 신혜정, 강방글, & 권지성. (2014). 사회복지전담공무원의 감정노동 경험에 관한 연구. 한국사회복지행정학, 16(1), 113-146.
박광희, & 김대관. (2018). 구조방정식을 이용한 감정노동과 직무만족에 대한 감정지능의 2 그룹 조절효과 차이. 관광레저연구, 30(12), 445-460.
박동필, & 이지연. (2016). 보육교사의 감정노동과 소진 간 관계에서 회복탄력성의 효과. 미래유아교육학회지, 23(2), 53-70.
박미미, & 한숙정. (2013). 가정전문간호사의 감정노동, 직무 스트레스, 개인적 자원의 직무만족도와의 관련성. 지역사회간호학회지, 24(1), 51-61.
박범우. (2020). 외식고객의 고객시민행동과 고객불량행동이 서비스 종업원의 감정부조화와 직무소진에 미치는 영향. 한국산학기술학회 논문지, 21(3), 342-352.
박상언. (2014). 직장-가정 갈등이 심리적 안녕과 감정노동에 미치는 영향. 조직과 인사관리연구, 38, 81-111.
박상윤, & 이제승. (2018). 스포츠센터 종사자의 감정노동, 감정소진, 고객지향성 간의 인과관계. 한국체육과학회지, 27(4), 569-581.
박성복, & 이상욱. (2018). 감정노동과 직무스트레스가 직무소진에 미치는 영향관계. 한국사회와 행정연구, 29(3), 53-85.
박승미, 이명하, & 김지영. (2020). 정신간호사의 D 성격유형, 긍정심리자본, 감정노동이 소진에 미치는 영향. 정신간호학회지, 29(2), 133-142.
박연옥, & 안성식. (2015). 감정노동이 서비스 제공수준, 조직몰입, 직무만족에 미치는 영향에 관한 연구: 항공사 객실승무원을 대상으로. 관광연구저널, 29(6), 167-186.
박유정, 한은희, 임진숙, & 한채정. (2013). 직무스트레스, 직무만족도, 감정노동이 미용종사자의 이직의도에 미치는 영향연구. 대한피부미용학회지, 11(1), 111-118.
박은정, 김성민, & 최인령. (2018). 간호사의 감정노동과 직무스트레스가 신체화 증상 및 간호업무성과에 미치는 영향. 인문사회 21, 9(4), 1323-1337.
박은희, & 박향진. (2020). 응급실 간호사의 감정노동, 감성지능 및 사회적 지지가 이직의도에 미치는 영향. 의료커뮤니케이션, 15(1), 53-60.
박인실, & 김미정. (2016). 여행사종사원의 감정노동이 감정소진과 이직의도에 미치는 영향. 관광연구저널, 30(6), 241-253.
박정하. (2014). 호텔종사원의 감정노동과 소진과의 관계에 사회적 지원의 조절효과: 대전지역을 중심으로. 관광연구저널, 28(12), 153-168.
박형인. (2019). 정서노동으로부터 직무탈진까지의 순차적 매개경로: 표면행위와 내면행위의 대조. 한국심리학회지: 일반, 38(4), 599-623.
방해순, & 조옥선. (2017). 보육교사의 감정노동이 직무만족에 미치는 영향-직무소진과 교사효능감의 매개효과. 유아교육 · 보육복지연구, 21(3), 309-332.
배성훈, 조추용, 박진홍, & 이현주. (2019). 충북노인복지시설 종사자들의 감정노동과 직무스트레스가 심리사회적 안녕감에 미치는 영향. 한국웰니스학회지, 14(4), 75-86.
배인열, 남태우, & 진창현. (2015). 서비스 접점의 종사원 감정노동이 감정부조화, 직무스트레스, 직무만족에 미치는 영향에 관한 연구. 지역산업연구, 38(2), 51-80.
백지윤, 현대성, & 장세진. (2017). 직무만족도에 따른 임상간호사의 감정노동, 감정부조화, 소진이 이직의도에 미치는 영향: 다중집단경로분석. Journal of Korean Academy of Nursing, 47(6), 770-780.
변성원, & 하영옥. (2019). 종합병원 간호사의 회복탄력성, 감정노동이 재직의도에 미치는 영향. 한국직업건강간호학회지, 28(2), 104-113.
복미정. (2012). 콜센터 상담사의 감정노동이 직무소진, 조직시민행동 및 직장-가정갈등에 미치는 영향. 한국생활과학회지, 21(2), 257-267.
복미정. (2016). 고객센터 상담사의 감정노동이 스트레스 대처방식과 심리적 소진에 미치는 영향. 한국컴퓨터정보학회논문지, 21(4), 97-106.
산업안전보건교육원. (2018). 감정노동 및 직무스트레스 관리.
시재현, & 대호. (2017). 리더의 코칭이 감정노동자의 표면행동과 내면행동에 미치는 영향. 리더십연구, 9, 63-86.
성영태. (2013). 경찰관의 감정노동이 스트레스에 미치는 영향: 커뮤니케이션의 매개효과를 중심으로. 지방정부연구, 16(4), 187-206.
성영태. (2014). 민원담당공무원의 감정노동이 자기효능감과 직무소진에 미치는 영향: 대구, 경북 민원담당공무원을 중심으로. 한국인사행정학회보, 13(2), 183-210.
손일락. (2015). 외식사업 비정규직 종사원의 감정노동이 직무소진, 직무만족 및 이직의도에 미치는 영향에 관한 연구: 청주지역을 중심으로. 호텔경영학연구, 24(6), 181-195.
손정기, & 김기성. (2015). 특급호텔 종사원의 감정노동이 직무만족 및 이직의도에 미치는 영향에 관한 연구: 안면환류가설 (FFH) 을 통한 긍정심리학의 적용. 관광연구, 30(4), 315-337.

손정기, 현용호, & 남장현. (2014). 특 1 급 호텔 종사원 감정노동, 조직시민행동, 이직의도 간의 구조적 영향관계에 관한 연구. 대한경영학회지, 27(12), 2309-2329.

송은정. (2017). 영아보육교사의 감정노동 및 직무스트레스와 효과적인 대처방안 (Doctoral dissertation, 한양대학교).

송주호, 정기주, & 박남구. (2019). 감정근로자 심리진단 및 힐링교육 연구. 기업경영리뷰, 10(1), 231-249.

송현진, & 조윤직. (2016). 감정노동이 사회복지사의 행태에 미치는 영향에 관한 연구. 행정논총 (Korean Journal of Public Administration), 54.

신다영, & 정연자. (2017). 미용 서비스 종사자의 감정노동과 직무스트레스 간 조직지원인식의 조절효과. 대한미용학회지, 13(2), 133-139.

신동주, & 선우영수. (2014). 카지노종사원의 감정노동이 직무소진 및 조직유효성에 미치는 영향에 관한 연구: 강원랜드카지노 종사원을 중심으로. 관광연구저널, 28(8), 47-58.

신영숙, & 이지연. (2014). 특성화고등학교 교사의 감정노동이 심리적 소진에 미치는 영향: 자기위로능력의 매개효과. 중등교육연구, 62(3), 463-489.

신원미, 김태희, & 서효민. (2019). 요가지도자의 감정노동이 직무소진과 조직시민행동에 미치는 영향. 한국체육학회지, 58(1), 187-201.

신해진, & 김계하. (2015). 정신간호사의 감정노동과 전문직 삶의 질. 보건사회연구, 35(4), 190-216.

신혜영. (2014). 서비스 산업 상담직원의 감정노동과 자기효능감 및 소진에 관한 연구-콜센터 상담직원을 중심으로. 고객만족경영연구, 16(1), 159-178.

심용출, & 나동석. (2015). 지역사회복지관 사회복지사의 감정노동 경험 연구. 비판사회정책, (49), 227-280.

심윤정, & 오홍철. (2016). 호텔종사원의 감정노동이 직무스트레스, 직무만족, 이직의도에 미치는 구조적 영향: 부산지역 특급호텔 종사원들을 중심으로. 관광레저연구, 28(2), 179-198.

심윤정, & 오홍철. (2017). 호텔종사원의 감정노동이 직무스트레스에 미치는 영향-DISC 행동유형 조절효과를 중심으로. 동북아관광연구, 13(1), 201-222.

심철현, & 김윤식. (2013). 호텔직원의 감정노동이 이직의도에 미치는 영향-대처전략의 조절효과를 중심으로. 외식경영연구, 16(6), 265-283.

안명숙. (2018). 항공사 객실승무원의 감정노동이 갈등 및 직무소진에 미치는 영향: 자아탄력성의 조절효과를 중심으로. 관광연구, 33(3), 207-230.

안은선, & 채재은. (2018). 노인장기요양시설 요양보호사의 직무특성이 직무만족 및 소진에 미치는 영향 연구-감정노동의 매개효과를 중심으로.

안정희, & 최인덕. (2020). 돌봄종사자의 감정노동과 직무스트레스가 업무소진에 미치는 영향. 한국케어매니지먼트 연구, 35, 53-76.

안종호, & 하제현. (2015). 골프장 캐디의 감정노동이 직무스트레스와 직무만족에 미치는 영향. 한국사회체육학회지, 61, 203-216.

알바몬 (2020). 아르바이트 근무 중 갑질경험.

양경욱, 윤세준, & 채연주. (2016). 감정노동의 사람 중심적 접근: 잠재 프로파일 분석을 통한 탐색적 연구. 대한경영학회지, 29(9), 1435-1459.

양혜련. (2012). 비서의 정서지능이 조직몰입 및 조직시민행동에 미치는 영향: 서울 · 수도권 기업의 여성비서를 중심으로. 농업교육과 인적자원개발, 44(1), 185-203.

양혜련. (2015). 비서의 감정노동과 직무스트레스, 소진 및 이직의도와의 관계에서 자기효능감과 상사-비서 교환관계 (LMX) 의 역할. 비서 · 사무경영연구, 24(1), 197-221.

어용숙, & 김묘성. (2017). 응급실 간호사의 감정노동과 감성리더십, 소진의 관계: 직원중심 감정노동과 직무중심 감정노동 비교. 한국산학기술학회 논문지, 18(9), 136-145.

여수진. (2020). 임상간호사의 감정노동과 직무만족 관계에서 긍정심리자본의 매개효과. 한국산학기술학회 논문지, 21(4), 400-409.

염영희, 이현숙, & 손희숙. (2016). 임상간호사의 감정노동 경험. 임상간호연구, 22(3), 314-326.

염은이. (2017a). 졸업학년 간호대학생의 감정노동에 대한 인식. 한국산학기술학회 논문지, 18(5), 177-189.

염은이. (2017b). 간호대학생의 의사소통능력, 간호전문직관, 감정노동이 임상실습 스트레스에 미치는 영향. 한국콘텐츠학회논문지, 17(4), 320-330.

염은이, & 서가원. (2019). 간호사의 대인관계문제와 임상간호인성이 소진에 미치는 영향. 한국웰니스학회지, 14(1), 33-42.

염진철. (2018). 호텔조리종사원의 감정노동, 감정부조화, 직무스트레스, 직무소진 및 이직의도의 구조적관계 연구. 관광연구, 33(6), 91-110.

오진주, 김영선, 김선희, & 고현민. (2019). 요양보호사 감정노동과 직무스트레스가 이직의도에 미치는 영향. 대한보건연구, 45(2), 1-12.

오필규, 정기주, & 박남구. (2020). 고객센터 상담사 심리힐링 진단 사례연구-대전지역 중심으로. 기업경영리뷰, 11(1), 153-173.

오현성, 이지연, & 채준호. (2018). 공공부문 감정노동 종사자의 잠재 프로파일 분석: 감정노동 유형에 따른 우울 및 직무만족의 차이. 인적자원개발연구, 21(4), 165-196.

오희균. (2015). 호텔 직원의 감정노동이 육체적 · 정신적 스트레스와 역할 외 행동에 미치는 영향: 특 1 급 호텔 일선 직원을 대상으로. 한국콘텐츠학회논문지, 15(6), 487-498.
왕곤염, & 황지현. (2018). 체육시설 지도자들이 지각하는 감정표현규범과 감정노동, 감정고갈 및 이직의도와의 관계. 한국체육과학회지, 27(6), 575-585.
원나래, 황지연, 김동근, & 권형일. (2015). 중학교 체육교사와 학교스포츠클럽강사의 감정노동 및 감정적 탈진 차이 비교. 한국스포츠교육학회지, 22(2), 127-145.
우이식, 장순옥, & 정진경. (2015). 프랜차이즈 베이커리 생산종사원의 감정노동이 직무태도, 고객지향성에 미치는 영향관계. 관광레저연구, 27(5), 279-294.
원숙연, & 이혜경. (2018). 옹호연합모형을 적용한 감정노동자 보호 정책의 변동: 서울시 120 다산콜센터 사례를 중심으로. 한국행정학보, 52(3), 151-184.
원영순, & 박아름. (2019). 치과위생사의 정서, 감정노동, 행복지수와 재직의도와의 융합적 관계. 융합정보논문지, 9(7), 135-144.
유경숙. (2017). 보육교사의 감정노동이 직무스트레스와 직무만족에 미치는 영향. 아동교육, 26(4), 23-38.
윤기찬, 손민성, 김미선, & 최만규. (2015). 간호사의 감정노동과 감정소진, 고객지향성의 구조적 영향관계 운영형태별 비교분석. 보건사회연구, 35(4), 217-244.
윤성욱, 오나래, & 정미애. (2018). 치과위생사의 근무특성과 환자유형에 따른 감정노동이 직무만족도에 미치는 영향. 한국콘텐츠학회논문지, 18(9), 199-208.
윤순철, 권수혜, & 강효정. (2016). 요양병원 요양보호사의 감정노동, 직무스트레스 및 소진이 이직의도에 미치는 영향. 한국산학기술학회 논문지, 17(5), 428-440.
이경란, & 김정미. (2016). 간호사의 감정노동이 소진에 미치는 영향: 사회지능과 감성지능의 조절 효과 중심으로. 간호행정학회지, 22(1), 22-32.
이경희, & 박해경. (2013). 감정노동과 직무만족도의 관계에서 임파워먼트와 자율성의 매개효과. Journal of The Korean Data Analysis Society, 15(4), 2117-2133.
이광수, & 허진. (2017). 태권도 지도자의 감정노동이 감정소진, 직무만족 및 직무성과에 미치는 영향. 국기원태권도연구, 8(4), 289-309.
이근철, & 이강헌. (2017). 운동선수 코치의 감정노동과 번아웃을 통한 코치-선수 관계의 예측. 한국스포츠심리학회지, 28(2), 63-74.
이기성. (2020). 외식기업 종사원의 라포르가 직무만족에 미치는 영향-감정노동의 매개효과. Tourism Research, 45(2), 327-348.

이남연, 김준환, & 문형진. (2019). 주제어 네트워크 분석 (network analysis)을 통한 국내 감정노동의 연구동향 탐색. 융합정보논문지, 9(3), 68-74.
이민자, & 정윤주. (2020). 감정노동종사자의 감정노동과 직무소진 간의 관계에서 스트레스대처능력의 매개효과. 사회복지경영연구, 7(1), 113-133.
이상우, & 박영배. (2013). 호텔종업원의 감정노동이 팔로워십과 조직시민행동에 미치는 영향. Tourism Research, 38(3), 1-18.
이상우, 박혜리, 박성진, & 한진욱. (2017). 골프장 종사자의 감정노동, 감정부조화, 조직몰입 및 조직시민행동 간의 구조적 관계. 골프연구, 11(1), 35-53.
이상훈, & 김영현. (2014). 호텔종사원의 감정노동과 역할스트레스와의 관계에서 긍정심리자본의 조절효과. Tourism Research, 39(4), 285-312.
이상희. (2019). 호텔 레스토랑 감정종사자의 직무소진 완화를 위한 신뢰의 조절효과 연구. 호텔경영학연구, 28(5), 121-134.
이선우, & 박수경. (2019). 사회복지사의 감정노동, 소진, 직무만족과의 관계-표면행위와 내면행위를 중심으로. 한국지역사회복지학, 69, 73-102.
이소영, & 홍주영. (2019). 요양보호사의 감정노동과 소진이 노인 돌봄 태도에 미치는 융복합적 영향요인. 융합정보논문지, 9(7), 41-47.
이수연. (2015). 감정노동과 사용자 책임. 노동법학, (54), 131-172.
이수행. (2019a). 골프장 캐디의 감정노동이 직무소진과 직무스트레스 및 고객지향성에 미치는 영향. 한국사회체육학회지, 76, 73-85.
이수행. (2019b). 골프장 캐디의 감정노동과 직무소진의 관계에서 사회적 지지의 조절효과 탐색. 한국스포츠학회, 17(4), 405-416.
이승영, 김덕호. (2019). 간호사의 감정노동, 직무스트레스, 사회적 지지가 직무만족에 미치는 영향. stress, 27(3), 215-223.
이예림, 현성협, & 정시언. (2019). 객실승무원의 표면 연기/내면 연기가 감정소진에 미치는 영향: 승객, 동료, 가족 간의 관계를 중심으로. 호텔경영학연구, 28(6), 177-193.
이원희. (2015). 우리도 감정노동자, 운동선수들의 이야기. 한국체육학회지-인문사회과학, 54(5), 57-65.
이윤형, 엄금화, & 한인수. (2016). 감정표현규범, 감정노동, 감정소진 간의 관계에서 직무자원의 조절된 매개효과 분석. 인적자원개발연구, 19(4), 57-80.
이재원, & 오상진. (2019a). 서비스업 종사자의 행복이 이직의도에 미치는 영향: 직무스트레스와 일과 삶의 균형의 다중매개효과를 중심으로. 대한경영학회지, 32(10), 1759-1781.
이재원, & 오상진. (2019b). 보험회사 콜센터 종사자의 감정노동이 행복에 미치는 영향: 일과삶의 균형에 의해 조절된 직무스트레스의 매개효과 중심으로. 서비스경영학회지, 20(2), 63-84.
이종호. (2014). 호텔 종사원들의 직무자율성에 따른 감정노동이 직무만족과 고객지향성에 미치는 영향에 대한 연구. 관광연구저널, 28(9), 111-122.
이준재, & 원유석. (2017). 호텔기업 레스토랑 종사원 감정노동과 심리적 소진의 관계연구. 관광레저연구, 29(7), 181-195.
이지영, & 정원호. (2019). 감정노동자의 행복이 직무성과를 이끄는가?: 감정노동 전략과 직무성과 간의 관계에서 행복의 매개효과 검증. 대한경영학회지, 32(7), 1155-1179.
이지우, 장영혜, & 강인호. (2016). 감정노동, 조직몰입, 삶의 만족의 관계. 관광연구, 31(3), 277-295.
이지희, & 이은희. (2019). 사회복지사의 감정노동이 소진에 미치는 영향: 일가치감과 사회적 지원의 매개효과를 중심으로. 한국비교정부학보, 23(4), 257-281.
이항아, & 윤명숙. (2016). 정신보건사회복지사의 감정노동이 우울과 직무스트레스에 미치는 영향: 사회적 지지의 조절효과. 정신건강과 사회복지, 44(1), 48-75.
이현정, 홍윤희, & 류성민. (2016). 항공사 승무원의 감정노동이 직무소진과 서비스 품질에 미치는 영향-자기효능감의 조절효과를 중심으로. 한국항공경영학회지, 14(5), 121-153.
이혜미, & 한진수. (2014). 호텔 종사원이 지각하는 표현요구가 감정노동, 직무소진 및 직무만족에 미치는 영향 연구: 서울지역 특 1 급 호텔을 중심으로. 호텔경영학연구, 23(3), 105-122.
이화석, 유용재, & 김인주. (2014). 감정노동과 직무만족 및 감정소진과의 관계에서 감정지능의 조절효과. 한국항공경영학회지, 12(2), 89-104.
임지은. (2016). 호텔직원 감정노동에 관한 주관성 연구. 관광연구, 31(6), 63-80.
임현승. (2020). 사회복지사의 감정노동과 사회적 지지가 우울에 미치는 영향: 사회적 지지의 완충효과 중심으로. 한국케어매니지먼트 연구, 34, 75-90.
임혜숙, & 송은주. (2020). 간호·간병통합서비스 병동 간호사의 감정노동, 강인성이 직무만족도에 미치는 영향. 한국산학기술학회 논문지, 21(4), 65-72.
장영혜, & 김판수. (2020). 마음챙김과 삶의만족 및 감정노동 간의 관계. 경영교육연구, 35, 211-227.
장재원, & 이준상. (2013). 노인돌보미의 감정노동이 우울에 미치는 영향에 있어서 일만족도의 매개효과 분석. 노인복지연구, 59, 31-54.
장정애. (2017). 장기요양시설 종사자의 감정노동이 행복감에 미치는 영향: 자기위로능력의 매개효과. 노인복지연구, 72(2), 215-244.
장하원, & 이수범. (2019). 호텔 종사원의 BIG 5 성격유형이 직무적합성, 스트레스, 감정소진 및 직무만족에 미치는 영향: 서울 소재 5 성급 호텔 종사원을 중심으로. 관광연구저널, 33(3), 39-49.
장현일, & 김도연. (2020). 초 · 중등교사, 특수교사, 전문상담 (교) 사의 감정노동과 심리적 소진 차이 연구. 학습자중심교과교육연구, 20, 1197-1219.
전영철, & 이상희. (2016). 비정규 종사원의 감정노동이 직무소진, 직무만족 및 이직의도에 미치는 영향에 관한 연구. 한국콘텐츠학회논문지, 16(10), 226-234.
정경숙, 최수정, 박명옥, & 이암. (2015). 콜센터에서 감정표현규범에 따른 상담사의 감정노동이 감정부조화, 감정소진, 이직의도에 미치는 영향. 대한경영학회지, 28(2), 529-551.
정경진, & 윤혜미. (2016). 보육교사의 감정노동, 직무스트레스와 심리적 안녕감 및 이직의도. 한국영유아보육학, 96, 129-152.
정명선. (2015). 감정노동이 조직몰입에 미치는 영향: 직무스트레스의 매개효과와 자율성의 조절효과. 상담학연구, 16(3), 121-138.
정지영. (2018). 환대산업 종사자의 서비스교육훈련, 직무만족, 감정노동 및 고객지향성의 관계연구: 직무만족과 감정노동의 매개효과를 중심으로. 관광연구, 33(8), 123-142.
정지은, & 최현경. (2020). 요양병원 간호사의 감정노동과 직무만족의 관계에서 회복탄력성의 매개효과. 경북간호과학지, 24(1), 12-21.
정진주. (2013). 감정노동의 개념과 한국적 특성. 대한직업환경의학회 학술대회 논문집, 445-449.
정현숙, & 서영희. (2019). 문학치유프로그램 활동이 감정노동자의 우울과 자아존중감에 미치는 효과. 21 세기사회복지연구, 16, 101-125.
조경숙, & 김윤미. (2019). 보건소 간호사의 감정노동, 직무 스트레스 및 전문직 삶의 질. Journal of Korean Academy of Nursing Administration, 25(5), 467-477.
조미나, & 차재빈. (2018). 프랜차이즈 외식업계 종사자의 감정노동이 역할스트레스, 직무소진, 이직의도에 미치는 영향. 관광학연구, 42(4), 89-109.
조성기, & 박미숙. (2013). 간호장교의 감정노동과 업무스트레스가 신체화 증상에 미치는 영향. 군진간호연구, 31(2), 77-90.
조은영, & 이지연. (2015). 초등교사의 감정노동과 직무스트레스와의 관계에서 소명의식과 일의 의미 조절효과. 열린교육연구, 23(3), 1-23.
조철호, & 권도희. (2019). 요양병원 간호사의 감정노동과 사회적 지원이 고객지향성에 미치는 영향. 의료경영학연구, 13(2), 1-11.

주영효. (2018). 중학교 교사의 감정노동 경험에 관한 질적 연구. 교육행정학연구, 36, 139-167.

주은주, 권영채, & 남문희. (2015). 임상간호사의 간호업무환경, 감정노동이 행복지수에 미치는 영향. 간호행정학회지, 21(2), 212-222.

지명원, & 이주연. (2012). 정서노동자의 자아탄력성, 스트레스 대처방식이 직무스트레스에 미치는 영향. 한국보육학회지, 12(2), 249-263.

지명원, & 이주연. (2020). 감정노동자의 셀프리더십이 마음챙김에 미치는 영향. 상담심리교육복지, 7, 43-57.

진윤주, 신준섭, & 서동준. (2020). 장애인 활동지원사의 감정노동이 우울과 직무스트레스에 미치는 영향: 사회적 지지의 조절효과 분석. 문화산업연구, 20(2), 49-62.

초필연, 이근태, & 강기두. (2014). 고객 불량행동으로 인한 종업원의 정서적 반응이 직무만족에 미치는 영향에 관한 연구: 감정노동 성향 (진심, 표면) 의 조절효과를 중심으로. 대한경영학회지, 27(2), 285-309.

최수정, & 정기주. (2016). 콜센터에서 상담사의 지각된 고객언어폭력이 감정노동과 감정소진에 미치는 영향. 경영학연구, 45(1), 295-328.

최정임, & 전순영. (2014). 감정노동과 조직몰입의 관계에서 사회적 지원의 매개효과 연구. 기업경영연구 (구 동림경영연구), 55, 71-91.

최태선. (2018). 프랜차이즈 외식업체 종사자의 감정노동과 조직몰입 관계에서 사회적지지의 매개효과 분석. Journal of the Korea Academia-industrial cooperatio n society, 19(10), 444-455.

최해수. (2015). 호텔종사자들의 감정노동, 직무만족, 조직몰입 간의 인지된 조직지지의 조절된 매개효과. 관광연구, 30(3), 325-349.

최혜지. (2019). 사회복지사 '관리된 감정'의 영향: 삶으로의 확장과 전문가적 지위의 간섭. 비판사회정책, (62), 289-327.

한규은, & 김민영. (2019). 감정노동자들의 부정적 정서가 정서소진에 미치는 영향: 정서조절의 매개효과를 조절하는 상황 요인 검증. 감성과학, 22(4), 45-56.

한상근. (2013). 감정노동의 직업별 실태. KRIVET Issue Brief, 26.

한상근. (2016). 감정노동의 직업적 특성에 관한 연구. 노동연구, 32, 5-27.

한상미, & 양성욱. (2018). 사회복지사의 감정노동이 소진에 미치는 영향-슈퍼비전과 인권의 조절효과를 중심으로. 한국자치행정학보, 32(1), 157-179.

한시완. (2013). 감정노동 개념의 이론적 고찰. 한국체육과학회지, 26(1), 405-421.

한인상. (2015). 감정노동에 대한 노동법적 규율방안. 노동법논총, 35, 107-149.

허찬영, & 김태성. (2014). 철도여행인솔자의 감정노동이 고객지향성에 미치

는 영향: 조직지원인식의 조절효과. 한국철도학회 논문집, 17(4), 289-296.

현남숙. (2014). 감정노동의 상업화와 진정성의 문제. 시대와 철학, 25(3), 105-129.

홍은지, 천덕희, & 이영관. (2018). 여행상품상담사의 감정노동과 고용불안이 정서적 소진과 직장-가정갈등 및 직장생활과 가정생활 만족에 미치는 영향. 관광연구저널, 32(3), 157-170.

황민정, & 김현아. (2019). 콜 센터 여성 상담사의 감정부조화와 삶의 만족도의 관계: 진정성의 매개효과. 한국산학기술학회 논문지, 20(6), 245-253.

황수아, & 최한올. (2014). 심층면담을 통한 초등교사의 감정노동에 대한 인식 및 실태에 관한 연구. 교원교육, 30(1), 59-91.

Brotheridge, C. M., & Grandey, A. A. (2002). Emotional labor and burnout: Comparing two perspectives of "people work". Journal of vocational behavior, 60(1), 17-39.

Grandey, A. A. (2000). Emotional regulation in the workplace: A new way to conceptualize emotional labor. Journal of Occupational Health Psychology, 5(1), 95-110.

Grandey, A. A. (2003). When "the show must go on": Surface acting and deep acting as determinants of emotional exhaustion and peer-rated service delivery. Academy of management Journal, 46(1), 86-96.

Hochschild, A. R. (1983). The Managed Heart. California: University of California Press.

Jeong, M. G., Lim, H. C., & Choi, H. S. (2008). Study of consequences of employees' emotional labor in call centers. Journal of the Korea Service Management Society, 9(2), 319-345.